ちくま新書

百姓から見た戦国大名

黒田基樹
Kuroda Motoki

618

百姓から見た戦国大名【目次】

はじめに

戦国大名を取り上げた書物は、小説や読み物の類を含めると、それこそ毎年、多くが刊行されている。しかしその大半は、個別の大名を取り上げ、大名の生涯を追ったり、彼らが繰りひろげる国盗り合戦などを扱ったもので、たいていは大名に視点を据え、大名の視点から叙述されている。研究者が執筆した良質の書物でも、大名の視点からの叙述によるのがほとんどであることに変わりはないであろう。それらは大名を、個人として、社会の主体としてみることを前提にしている。しかしそれは本当に自明のことなのであろうか。

戦国大名は、権力の頂点に位置する存在である。戦国大名権力を、広大な領国で生きる人々から成った、一つの社会システム（秩序や制度）として考えてみると、その頂点に位置する大名は、その社会システムにおける器官（役割や機能）として考えることができる。そうすると大名の個人性も、そのシステムの枠組みに制約された、あくまでもその範囲内でのものにすぎなくなる。むしろ戦国大名を理解するうえでは、その社会システムがどのような構造にあり、それはどのような歴史的段階のものであるのかを、認識していくことが大切になる。

いま日本史の研究では、戦国時代の研究を中心に、パラダイム（思考の枠組み）の転換がすすめられている。その動きは、徐々にではあるが、確実に進展している。それは社会や権力についての理解を大きく転換していくことによっている。権力の構造を社会システムととらえ、権力者はそのシステムにおける器官であり、したがって社会を構築する主体は、そうした権力を生み出す民衆にみとめられる。そのため、その民衆の視座から社会をとらえていくようになってきている。少し具体的にいうと、大名は民衆を支配している。しかしその支配はどうして可能であったのか、その内実を突きとめ、それを民衆の存立という視点に立って、構造として理解する、ということになる。

そのような視座からみていくと、戦国大名とはどのような存在で、どのような歴史的な位置にあったと考えられるであろうか。そのことを理解するためには、戦国時代における民衆の日常はどのようなもので、その日常のなかから、どのようにして戦国大名が生み出され、展開をみせていったのか、という考え方をしていくことが大切になる。

詳しくは本文で述べていくように、戦国時代というのは、飢饉《ききん》と戦争が日常化していた時代であり、人々にとっては生存すらが困難な、過酷な時代であった。人々の目的は、まさに生存すること、そのことにあった。そこで人々の生存のための仕組みであったのが、村であった。村こそ、民衆の社会主体としての発現形態であった。そしてその村々を構成していたのが百姓であった。中世・近世の百姓とは、おおよそのところ、領主に年貢・公事《くじ》（税金）を負担する身分をいい、網野善彦氏が繰り返し主張してきたように、いわゆる平民という存在である。百姓のなかにも身分の差があり、領主に貢納責任を直接に負う存在と、そうではない小百姓・脇百姓などと称され、区別された存在があった。しかし村が成立をみた中世後期から近世においては、貢納は村として行われるようになるので、この頃には、村を構成する人々、すなわち村人を指すものとなっている。そして村人の資格は、村が決めたので、百姓も村で決められた。

戦国大名は、そうした村々を基盤にして成り立っていた。だから大名の動向も、村とそれを構成する百姓の視点からとらえていくことが大切になる。そのため本書では、戦国大名について、何よりも、そのような民衆の生存の追究、という視座から描いていくことにする。

戦国時代の研究は、ここ二〇年ほど、画期的な進展をみせている。その原動力ともいうべきものが、村の存在とその機能、戦国時代に日常化していた飢饉と戦争の状況の解明である。それらは藤木《ふじき》久志《ひさし》・勝俣鎮夫《かつまたしずお》・蔵持重裕《くらもちしげひろ》各氏らを中心にすすめられてきたもので、最近では、その内容も知られているところであろう。またそれらの内容を踏まえて、戦国時代の通史書物も出されるようになっている。しかしそこでも、戦国大名の成立やその展開についてとなると、いまだ大名の視点からの理解が強く、村の動向との接点は充分に示されないままになっている。

本書でも、村の問題、飢饉と戦争の問題について、大きく取り上げた。内容は、それら藤木氏らの研究に大きく依拠している。しかしそれは、村の問題、飢饉と戦争の問題が、戦国時代をみるうえで不可欠の問題であり、同時に、戦国大名を理解するための前提になるからである。それらに関する書物をお読みでない方々にも、私の考えを理解していただくために、どうしても必要な内容になっている。そのためそれらの問題についてすでにご存じという方々には、あるいは読み飛ばしていただいてもいいかもしれない。

また、戦国大名と村との関係についても、村の視座から描くという点に関しては、私はその一部をすでに『戦国大名の危機管理』（吉川弘文館・歴史文化ライブラリー）で示しているし、稲葉《いなば》継陽《つぐはる》氏の叙述（「戦国から泰平の世へ」『日本の中世12　村の戦争と平和』）もあり、取り上げている問題も重なる部分が多い。それらをいまだお読みでない方々には問題ないが、すでにお読みになっている方々には重複の感もあるかもしれない。

そうしたことからすると、本書の何よりの特徴は、そのような社会状況をもとにして、戦国大名がいかに成立し、展開していったのか、具体的かつ構造的に描いていることにある。成立の過程から、その後の展開、さらに近世の平和への展開までを、民衆の生存の追究という視座から、一貫した叙述を展開した。そのように叙述を構成したことで、戦国大名について、戦国時代のなかでの位置付けと、その歴史的な位置について、全体的かつ簡潔に、理解していただけるものになったと思う。そのため本書は、民衆の視座からみた、新しい戦国大名像のまとめ、でもある。これまでのような大名の視点では、決して理解できなかった事柄が、次々にみえてくるであろう。しかも大名権力の構造そのものが、民衆の日常といかに密接にリンクしていたか、なるほどと実感していただけるに違いない。

プロローグ

代替わりと「世直し」

†北条氏康の隠居

戦国大名と民衆の関係といっても、社会的立場に天と地ほどの違いがあることもあってか、何か具体的にはほとんど関係のないように感じがちであろう。そこで最初に、戦国大名の地位が、どのように民衆と関わっているのか、さらにはどれほどそれに規定されていたのか、おおまかなイメージを形作っておくことにしよう。戦国大名の地位につく際、あるいはそこから退く際、そこではどのような事態が生じているのか、少し具体的にみてみることにしよう。

小田原北条氏という戦国大名がいた。相模《さがみ》小田原城（神奈川県小田原市）を本拠に、最終的には関東地方の大半を領国にした、全国的にも有数の有力大名である。戦国大名としては、一般的には知名度は低いが、この北条氏こそ、領民との関係の有り様がもっともよくわかる戦国大名なのである。いわゆる「民政《みんせい》」という、領国支配、とりわけ領民支配の側面に力点を置いていた戦国大名として、よく知られている。

その三代目当主を北条氏康《うじやす》という。ちょうど武田信玄・上杉謙信という、戦国大名のなかでも一、二を争う有名大名と同世代の人物で、しかも両大名と互角の抗争を繰り広げた人物である。信玄・謙信からも、名将と認識されていたほどであった。その氏康は、永禄二年（一五五九）十二月二十三日に、家督を嫡子の氏政《うじまさ》に譲って、隠居した。家督を継いでから十九年目、四十五歳だった。人生五十年といわれていたこの頃のことだから、氏康がその年で隠居したとしても、一向に不思議ではない。また新当主になった氏政も、二十二歳になっており、すでに二十歳を越えていたから、当主という重責を担ううえで、決して不足する年齢ではなかった。

しかし政治権力における家督交替は、すなわち政権交代を意味した。だから隠居による政権交代が、スムースな政権移行を実現する手段であったとしても、そこには何かしらの政治的意味があった。これから詳しくみていくように、戦国大名は、戦国大名領国という一個の国家を形成し、その統治を主宰する「国王」だった。いうまでもないが、すぐれて政治的な存在であった。大名である限り、私的な側面は著しく小さく、何事も政治性に覆われていた。家督交替は、現代の日本でいえば天皇や総理大臣の交代にあたるから、それそのものがすぐれて政治的な事件であった。

それでは氏康の隠居の場合には、どのような背景があったのだろうか。今でも新しく政権が誕生すると、ただちに施政方針が示される。そうしたことは、古代の政治権力から行われていたし、同じようなことは戦国大名にもみられた。新政権によって行われた政策に、その政権の誕生をもたらした政治課題をうかがうことができる。これを氏康から氏政への家督交替の場合についてみると、新当主の氏政が最初に行った大規模な政策が、翌永禄三年二月・三月に、領国内の村々に徳政令《とくせいれい》を出したことだった。

徳政とは、本来は、徳のある政治、という意味だが、日本では十四世紀後半頃から、債務関係の破棄という意味に限定されるようになっていた。だからここでの徳政令というのも、債務関係の破棄を中心にしたものだった。それが出されたということは、領国内の村々が、債務返済が滞るような状態に陥っていたことになる。では、どうしてそういう事態になったのか、とみていくと、この時期、北条氏の領国を含む東日本の広い範囲で、飢《き》饉《きん》と疫病《えきびょう》が流行っていた。

†「世直し」を求められる

隣国甲斐《かい》(山梨県)東部の郡内《ぐんない》地域南部の年代記「勝山記《かつやまき》」には、「己《つちのと》未《ひつじ》の年(永禄二年)疫病はやり、悉《ことごと》く人多く死す事、限りなく候、そうじて酉《とり》の年(永禄四年)迄三年疫病はやり、村郷あき申す事、限りなく候」と記されている。永禄二年から同四年までの三年間にわたって、疫病が流行し、村々では多くの死者が出て、村人が少なくなったため、村が明く、すなわち残された村人も村から出て行ってしまい、村として成り立たなくなっていた、という。

少し遡ってみると、弘治三年（一五五七）には同じ「勝山記」に、「日照り候て」「この年悉く飢渇《けがち》入る事、限りなく候」と、この年は旱魃《かんばつ》によって飢餓状態になったとある。翌永禄元年には、上野《こうずけ》（群馬県）の「赤城神社年代記」に「今年夏大日照り」とあり、常陸《ひたち》（茨城県）の「和光院和漢合運《わこういんわかんごううん》」に「餓死」、「東州雑記《とうしゅうざつき》」に「飢饉」とあり、やはり旱魃から飢饉になっていた。およそ弘治三年頃から、東日本の広い範囲で飢饉になり、さらに永禄二年から疫病が流行していた様子を知ることができる。

氏康の隠居は、そうした最中のことであった。そして新当主氏政によって行われた最初の政策が、徳政令であったことをみると、氏康の隠居が、領国を覆っていた飢饉と無関係であったとは考えがたい。むしろ、密接に関係していた、とみたほうが自然である。

古代・中世を通じて、天変地異による災害・飢饉、戦乱などによって、しばしば改元（年号を改める）が行われた。改元されると、恩赦・減税・救恤《きゅうじゅつ》・債務破棄などの徳政（本来の徳政）が行われた。改元することによって、「世を改める」のである。同様のことは、王（天皇や将軍）の代替わりにも行われた。代替わりも、「世を改める」ことだった。その背景には、天道《てんどう》思想という、古代・中世の多くの人々に共有されていた基本思想があった。天道（天と地の感応）に適うもののみが、大地の支配を行える、という考え方である。だから社会的危機が生じると、改元され、「世直し」が行われ、あるいは王が代替わりすると、同様に「世直し」が行われた。

それが十五世紀半ば頃になるとさらに、社会的危機が生じると、人々は「世直し」を公然と求めるようになってきていた。将軍の代替わりを契機にした、徳政一揆がその象徴である。まさに戦国時代は、社会的危機が生じると、人々は「世直し」を求める、という時代状況にあった。氏康の隠居も、こうした人々の考え方をうけて行われたのだった。飢饉と疫病の流行によって、領国内で多くの死者が続出し、村では人手不足になって、村そのものが成り立たなくなっていた、という、深刻な領国危機が展開していた。

氏康は、この危機に充分に対応できず、餓死者を続出させた責任をとり、人々の「世直し」への期待に従って、自ら北条氏当主の地位から退位することになった。そして新当主のもとで、そうした社会状況の再建が図られたのである（藤木《ふじき》久志《ひさし》「永禄三年徳政の背景」）。飢饉と疫病による領国の疲弊によって、氏康は「国王」の地位から引きずり降ろされてしまったのである。この氏康の隠居の場合は、社会の状況に大きく規定されていた戦国大名の立場を、象徴的に示している事例なのである。

†氏康の代替わりの場合

代替わりの多くは、前当主の死去によるものが多い。氏康の家督相続も、父氏綱《うじつな》の死去によるものだった。こうした代替わりは、ある意味で自然的要因によるものだったが、代替わりそのものが、大きな政治的事件になったから、ただ家督を継承する、というだけではすまなかった。

氏康が家督を継いだのは、天文《てんぶん》十年（一五四一）七月十七日、父氏綱の死去による。時に二十七歳だった。その三カ月後の十月、敵対する扇《おうぎ》谷《がやつ》上杉氏から、領国に侵攻をうけた。おそらく代替わりによる政治的隙があるとみられたのであろう。しかし氏康が家督相続直後に直面した課題は、こうした敵からの攻撃だけではなかった。何よりも行わなければならなかったのは、領国内におけるさまざまな権利関係の確認作業だった。それにあわせて、いろいろな権利保障をめぐって、多くの訴訟が提起された。

この代替わりにおけるさまざまな権利関係の確認、承認は、当事者にとっては死活問題だったから、これらに適切に対応できるかどうかが、その後の治世の行く末を大きく左右した。一方的に処置すると、他方に大きな不満をもたらし、ひいては軍事的危機などにおいて、離叛や敵対勢力の誘引をもたらすことになるからである。そのため戦国大名は、正《しょう》路《ろ》や道理を追究する姿勢をとらなければならなかった。

それだけではなかった。氏康の代替わりの時期も、ちょうど大飢饉にあたっていた。天文八年の旱魃、大雨・洪水によって、同九年の春・夏は全国的に飢饉状態になっていた。

甲斐では、洪水のあとにつきものの疫病も流行していた。その天文九年も大風雨によって洪水が多発しており、そのため翌天文十年の春は、かなり深刻な飢饉状態になったらしい。「勝山記」は、「この年春餓死至（致）し候て、人・馬共に死する事限りなし、百年の内にも御座無く候」と、その飢饉の深刻さを伝えている。

氏康が家督を継いだのは、そうした社会状況のなかでのことだった。相続そのものは、父氏綱の死去によるとはいえ、氏康は否応なく、そうした社会的危機への対応を迫られたことは間違いない。その対策の一つに、領国の広範囲にわたる検地があった。氏康は代替わりにともなって、領国の大部分について検地を行っている。検地とは、支配下の村々に対して課税額を決定するための政策である。

北条氏の場合、村への課税基準額（村高《むらだか》という）は耕地面積に基づいて算出された。そのため災害によって不作地が生じれば、それらは耕地面積から除外されることがあった。だから検地によって、村高が減少することもありえたし、実際、そうした事例も少なくない。おそらく、領国内の村々から不作分について広範に減免を要求されたのであろう。氏康は、空前ともいうべき大規模な検地を行うことによって、そうした危機的状況をかろうじて乗り越えたのだろう。

†北条氏綱の代替わりの場合

事例をさらにさかのぼってみよう。氏康の父氏綱が、家督を継いだのは、永正十五年(一五一八)二月から九月の間のことだった。氏綱は三十二歳だった。代替わりは、その父伊勢《いせ》宗瑞《そうずい》の隠居によるものだった。伊勢宗瑞とは、一般には「北条早雲」の名で知られる、小田原北条氏の始祖である。まだ名字は北条氏ではなく、伊勢氏を称していた時期だった。隠居の理由ははっきりしていないが、その間の七月に、小弓《おゆみ》公方《くぼう》足利《あしかが》氏という新しい政治勢力が成立し、伊勢氏もその陣営に加わった。それにあたり、宗瑞は後景に退き、新当主氏綱によって、新しい政治関係の構築が図られたようである。

ただその背景は、そうした政治的理由だけではなかったと思われる。やはりその時期、領国は飢饉状態にあった。前々年の永正十三年から、洪水、地震、不作が続いており、この永正十五年から翌十六年にかけて、諸国は大飢饉に陥っている。甲斐では「天下人民餓死」「天下飢饉」といい、関東でも武蔵で「大飢饉」、上野でも「諸国大飢饉」、常陸《ひたち》でも「其の飢饉、三、四年本復」といわれている。氏綱の領国の伊豆でも、異常低温による飢饉という状態にあったらしい。氏綱の代替わりも、こうした深刻な飢饉の最中のことだった。宗瑞の隠居につながる、政治関係の変化も、むしろこうした飢饉を背景にしていた可能性が高い。

当然ながら、代替わりにあたって、氏綱にはそれへの対応が求められたろう。代替わり直後の九月、氏綱は新しい政策を行っている。それは、村宛文書《もんじょ》の創出と、直轄領における公事《くじ》（税金の一種）賦課制度の改革、そこにおける役人の不正の排除、それを担保する目安《めやす》（直訴）制の創出、という、一連の改革であった。具体的な内容については、第五章以下で詳しく取り上げるが、それらは、大名の直接の所領であった直轄領に限られたとはいえ、それまでと比べると、実に大きな改革だった。それは戦国大名が、村と直接に向き合って、その間に介在する、家臣や役人らの不正を排除し、その行動を規制する仕組みを作るものであった。

氏綱は、代替わりにともなって、深刻な飢饉という非常事態に向き合わなければならなかった。その危機克服のために、一連の改革を行った。それによって、大名は、村に直接向き合うことになり、村が存続していく、「村の成り立ち」維持の姿勢が明確化されることになった。そしてこうして作り出された支配体制こそ、以後における戦国大名の領国支配の基本構造となった。それだけではなかった。さらにそれは、近世大名にも受け継がれていくことになる。深刻な危機克服への試みが、新たな体制を生み出したのだった。

†武田信玄のクーデター

　ここまで、伊勢宗瑞から北条氏綱、氏綱から氏康、氏康から氏政、というように、小田原北条氏の歴代の代替わりの状況をみてきた。いずれの場合も、社会は飢饉状況にあり、代替わりするやいなや、新当主は、それへの真剣な対応に取り組んでいた様子をうかがうことができた。最初に取り上げた、氏康から氏政への代替わりは、むしろそうした社会の飢饉状況によって、代替わりを強いられたものだった。飢饉状況においては、大名はそれに対応して「世直し」をしなければならない、という強い社会通念が存在していたことがわかる。

　こうした対応は、北条氏に限られたものだったのだろうか。決してそうではなかった。氏康は社会からの「世直し」要求をうけて、自ら「国王」の地位を退いた。かりに、無理にそのまま「国王」の地位に居座り続けたとしたら、どのような事態になっていただろうか。その典型ともいえる事例が、隣の甲斐国にみられた。すなわち武田信玄のクーデターである。信玄は、まだ実名を晴信《はるのぶ》といっていた二十一歳の時、父信虎《のぶとら》を国外に追放して、自ら武田氏の家督を継承する、というクーデターを起こしている。これが、後に他国の大名からは、信玄の非道の一つとしてあげつらわれるのだが、その背景にはどのような事情があったのだろうか。

信玄のクーデターは、天文十年（一五四一）六月十四日のことである。この日信虎は、娘婿（信玄には姉婿）にあたる駿河の戦国大名今川義元を訪問するため、その本拠駿府《すんぷ》（静岡市）に向けて、甲府（甲府市）を出立した。甲府から駿府へは、河内路《かわうち》という、富士川沿いの道を通った。信玄は、軍勢を派遣して、その河内路を封鎖し、信虎が甲斐に帰国できないようにしたのである。そして十七日巳刻（午前九時から十一時）に、本拠躑躅《つつじ》ヶ崎館のうちの当主の屋形に移っている。自ら、武田氏当主に就任したことを、周囲に示したのである。

この信玄の父追放劇の理由については、古くから親子の不和があげられている。そうしたこともあったかもしれないが、代替わりが極《きわ》めて重大な政治事件である、ということを踏まえると、そのような個人的感情だけから実現できるようなものではない。それではどのような背景があったのか、とみていくと、この年は、先に取り上げた、氏綱から氏康に代替わりされた年にあたる。隣り合う大名同士で、ほぼ時期を同じくして、代替わりがおこなわれていたのである。そしてそこでも述べたように、この年は、前々年から打ち続いた災害によって、春から深刻な飢饉状態にあった。しかもそれは、地元甲斐の年代記「勝山記」が、「百年の内にも御座無く候」と記していたほどの深刻なものであった。

しかも、一年のうちで最も穀物相場が高い、言い換えれば最も穀物が不足するのは五月であった。飢饉の年にはなおさらである。信玄のクーデターはその直後のことになるから、それは、深刻な飢饉状況のなかで行われたものだった。そうすると、そもそもこの信玄のクーデター自体、そうした社会状況がもとになって行われたものとみることができる（平山優『戦史ドキュメント川中島の戦い』）。

†世論の支持を得た信玄

信玄の、突然ともいうべきクーデターに接した、甲斐の人々はどのようにこれを受けとめていただろうか。クーデターには、信玄も軍勢を動員しているように、軍事行動がともなっていた。しかし信玄のクーデターの後、甲斐では目立った軍事行動は伝えられていない。たいていの場合は、反対派による抵抗などがあるのだが、この場合にはそうした状況はうかがわれない。むしろ「勝山記」は、「去るほどに、地家・侍・出家・男女共に喜び満足致し候事、限り無し」と、百姓（「地家」）、武士、僧侶（「出家」）、男女ともに大いに喜んだ、と記しているし、「塩山向岳庵《えんざんこうがくあん》小年代記」は、「人民悉く快楽の笑いを含む」と、人々はみな喜んだ、と記しているように、クーデターは、武田氏の家臣に限らず、ひろく国内の人々から、階層や性別を問わず、喝采をもって迎えられている。

追放された信虎の政治は、「余りに悪行を成され候」（「勝山記」）とか、「平生悪逆非道也、国中人民・牛馬・畜類共に愁悩す」（「塩山向岳庵小年代記」）などと、悪政のレッテルを貼られ、人々のみならず動物までも悩まされていた、と酷評されている。それに対して信玄のクーデターは、「万民の愁いをすくわん」（「塩山向岳庵小年代記」）としたものであり、それによって「国々を保つ」（同前）とか、「一国平均に安全に成る」（「王代記」）というように、国の存続が果たされた、と評価されている。まさに救世主のように扱われている。「国々を保つ」とか、「安全に成る」ということの具体的な内容まではわからないが、深刻な飢饉状況のなかでのことだったことを踏まえれば、先に北条氏の歴代についてみたような、「世直し」の取り組みであった、とみて間違いないだろう。

信玄のクーデターは、世論から大きな支持を得ていた。むしろ、世論の求めによって行われた、といったほうがいい。深刻な飢饉状況のなか、信虎は有効な打開策をこうじていない、と判断され、人々は「世直し」の実現を強く求めた。そうした世論をうけて、信玄はクーデターを断行した。いや、せざるをえなかったのだろう。そうしなければ、甲斐国主としての武田氏の地位そのものも危ぶまれることになる、という判断があったに違いない。大名としての武田氏の存続のためには、そうした世論を真摯に受けとめなければならなかった。信玄は、世論の要求に応えるために、クーデターを起こし、実力で代替わりをおこなった。そして代替わりによる、「世直し」のための対策を大々的に行ったのだろう。それが、人々をして、救世主のような扱いをさせることになったのだろう。

こうしてみてくると、戦国大名の地位というのが、思いのほか、当時の社会状況から大きな影響をうけていたことがわかる。これは、これまでの私たちが抱いていた戦国大名のイメージとは、かなりかけ離れている。しかし、それが実態であった。戦国大名という、領国で最高の地位ですら、領国の人々の意向を無視しては、存在することができなかった。さらに驚かされるのは、戦国時代の社会状況というものが、飢饉に、色濃く彩られていたことである。ことあるごとに、飢饉が出てくるといって、決して過言ではない。戦国大名という存在をとらえるにあたって、こうした社会状況との関係をしっかりと見据えなければならないことがわかる。

第一章

飢饉と戦争の時代

†「本土寺過去帳」の世界

千葉県松戸市平賀に、本土寺《ほんどじ》という日蓮宗寺院がある。この本土寺には、中世成立の過去帳が残されている。過去帳は、日付ごとに物故者が記載される日牌形式のもので、記載される物故者数は一万を超えている。そしてそれぞれの戒名には、その左右あるいは下に、俗名、縁者、続柄、所属、享年、死亡場所、死亡理由、生前の事績などが適宜、記載されている。記載の年代は、室町時代中期の応永年間（一三九四〜一四二八）から、戦国時代末期の天正年間（一五七三〜九二）まで、実に二〇〇年に及んでいる。さらに記載される物故者は、下総《しもうさ》西部を中心に上総《かずさ》から武蔵《むさし》にかけての広範囲の地域にわたっているとともに、その階層も、大名層から在地の有力者とその関係者（縁者から下人《げにん》まで）にまでわたる、幅広い階層に及んでいる。中世の過去帳としては、物故者数、年代の長さ、階層の幅広さなど、いずれも他に類例をみない、極めて豊富な内容を持った、文字通り希有の史料である。

この過去帳が注目されるのは、何よりも在地の民衆の記載が豊富にみられること、そのことにある。中世については、在地の有力者層についてさえ、死亡記事を得られることはきわめて限られており、ましてやこのように大量に民衆の死亡状況に関する具体的な情報を得られることは、まずないからである。この過去帳が持つ、たぐいまれな民衆史料としての重要性に注目した田村憲美《のりよし》氏は、死亡原因が戦死や自殺などの非自然的原因によることが明記されているものを除いた四三〇〇件の記事について、死亡年月について統計分析を行った(『日本中世村落形成史の研究』)。そこで明らかにされた事実と導き出された分析は、本土寺を中心とした下総周辺地域にとってだけでなく、日本列島の社会環境をうかがうことができる実に驚くべきものであった。

死亡年が明記されている記載を年次ごとに統計してみると、ある年だけ前後の時期と比べて異様に物故者数が突出しているものがある。物故者数は、もちろん二〇〇年のなかで変化はみられるが、おおよそのところは本土寺の教勢に連動していると考えられる。そうしたなかでも物故者数が突出してみられる時期が生じている。もっともわかりやすいのは、正長《しょうちょう》元年(一四二八)、文明五年(一四七三)、永正二年(一五〇五)であろう。前後の時期と比べてみると、その突出の様は、一目瞭然である(図1)。そしてそれらの年はいずれも、列島全域的な大飢饉にあたっている。それらの年が大飢饉であったことは、他の記録類に記載されていたことで知られていたことであったが、この統計結果は、その深刻さを、前後の時期との物故者数の実数の著しい違いでもって実感することができる。

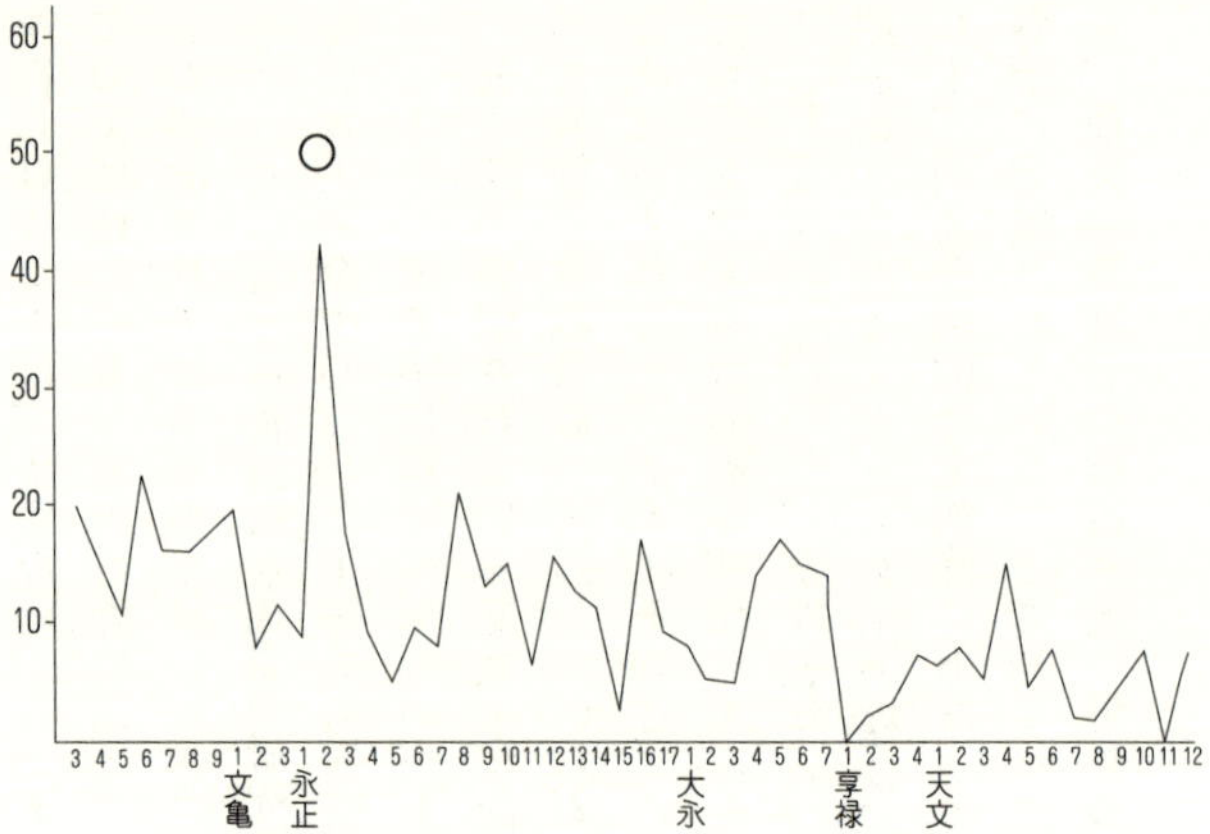

図1　「本土寺過去帳」における年次別死亡者数の推移
（田村憲美『日本中世村落形成史の研究』を参考に作成）

†慢性的飢饉の時代

こうした当時の記録にみえる大飢饉の状況が、「本土寺過去帳」には、みごとに物故者数の実数をもって反映されているのだが、驚くべきは平均的な状況そのものにある。物故者数を死亡月ごとに統計してみると、二〇〇年を通じてそれほど大きな傾向の変化はみられず、おおよそ春・夏は年平均よりも高い比率でみられ、秋の七月・八月から低下していき、九月・十月で最低になり、十一月・十二月からふたたび増加していく、という傾向があった（図2）。いわば春・夏に死者が多く、秋に最低になり、冬の終わりからふたたび増加していくという、明ら

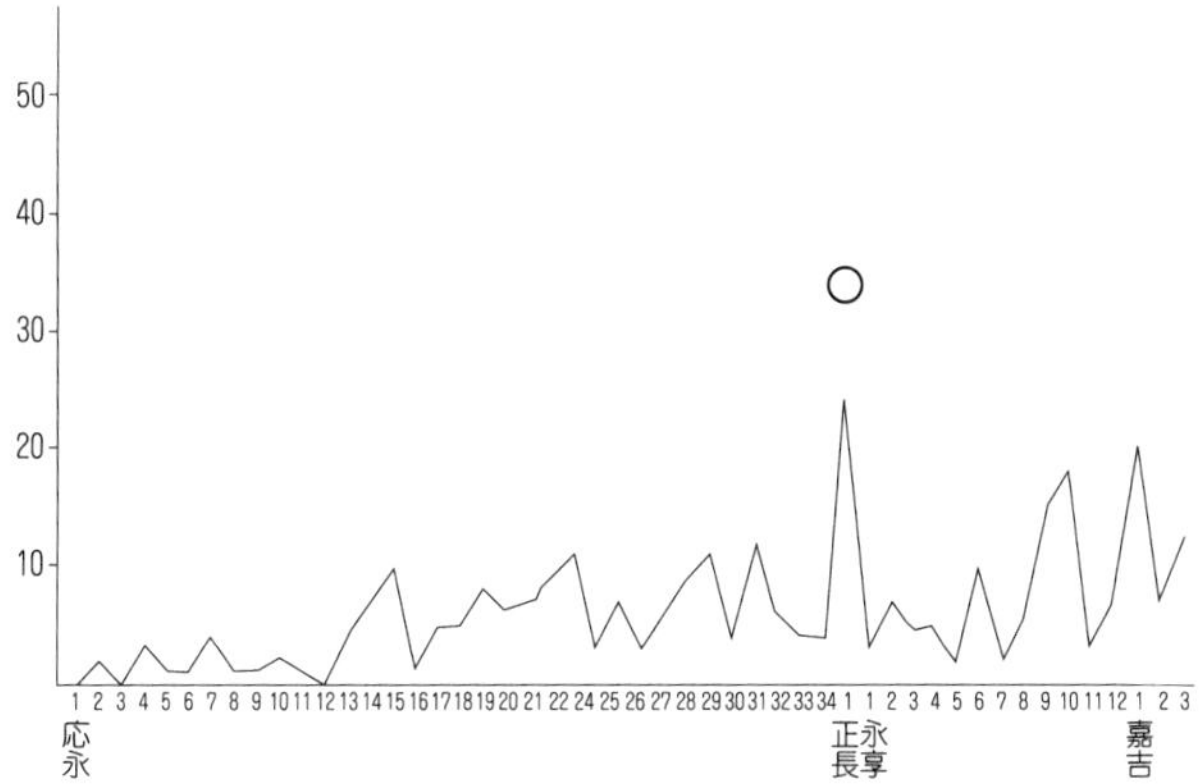
50
40
30
20
10
1 2 3 4 5 6 7 8 9 10 11 12 13 14 15 16 17 18 19 20 21 22 24 25 26 27 28 29 30 31 32 33 34 1 1 2 3 4 5 6 7 8 9 10 11 12 1 2 3
応永
正長
永享
嘉吉

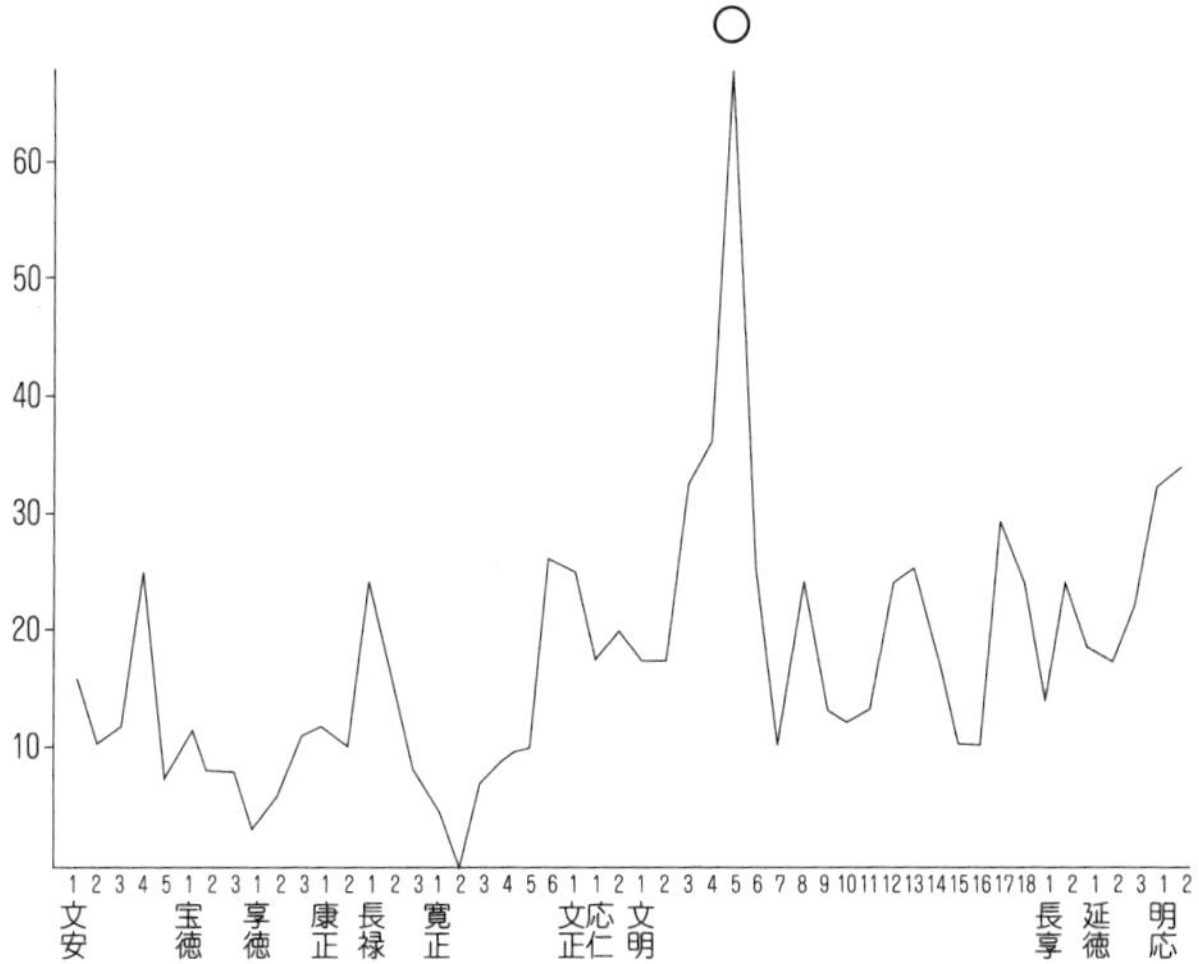
60
50
40
30
20
10
1 2 3 4 5 1 2 3 1 2 3 1 2 1 2 3 1 2 3 4 5 6 1 1 2 1 2 3 4 5 6 7 8 9 10 11 12 13 14 15 16 17 18 1 2 1 2 3 1 2
文安
宝徳
享徳
康正
長禄
寛正
文正
応仁
文明
長享
延徳
明応

図2 「本土寺過去帳」月別死亡者数比率（年紀のあきらかな分）

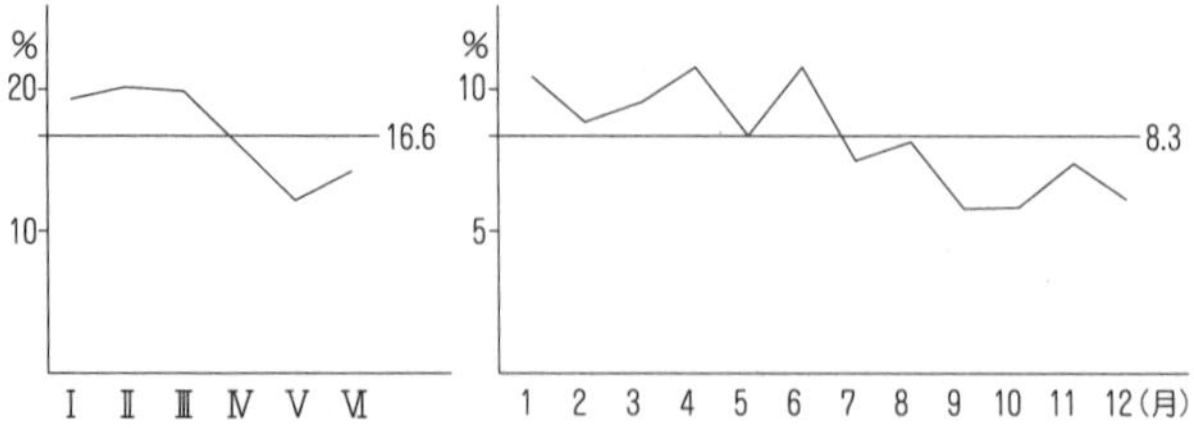

かに死亡には季節性が存在していたのである。そしてその季節性は、冬の終わりから夏までの、食料が収穫できない端境期《はざかいき》に多く、夏麦に始まり秋作までの、新たな収穫を迎えることで低下していくという、食料生産のサイクルにみごとに対応している。

食料が収穫できない端境期に、多くの人々が死亡しているのだから、これは食料を確保できずに餓死もしくは、食料不足を起因にして死亡する人々が多かったことを示している。中世後期はこうした状況が常態であった。正長元年などの大飢饉といわれたものは、それとも比較にならない異常な事態であったことになろう。そしてこの中世後期における死亡の季節性は、後の時代と比較してみると、その状況が示す意味をさらに明確に認識することができる。

田村氏はまた、十九世紀前半の回向院《えこういん》という寺院の過去帳について、同様の統計分析を行っている。そこにみえる死亡の季節性は、「本土寺過去帳」にみえるものとは大きく異なってい

図3(1)「回向院過去帳」月別死亡者数比率
〔1815～30，1841～50(1836件)〕

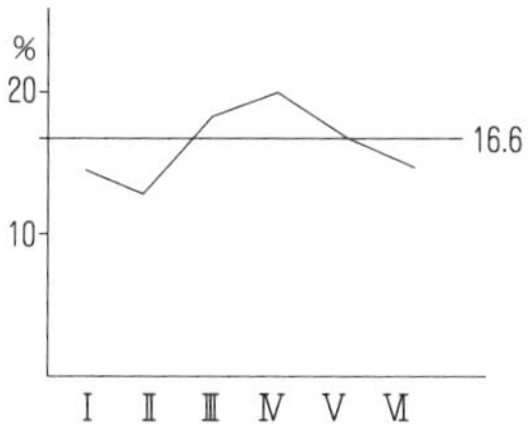

図3(2)「回向院過去帳」月別死亡者数比率
〔1831～40(855件)〕

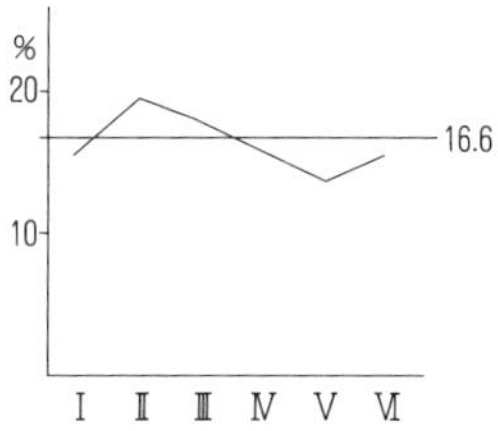

る。死亡者数は三月・四月から増加し始め、五月・六月から大きく平均を超え、七月・八月が最も多く、九月・十月から低下していくという傾向をみせている。これは死亡原因が夏季の消化器疾患、冬季の呼吸器疾患によるものが多かったためとみられ、日本でも戦後の医療水準の上昇がみられるまでは基本的傾向であった。ところが十九世紀のなかでも、天保八年（一八三七）を頂点とする天保の飢饉の時期は、そうした基本的傾向とは著しく異なり、まさに「本土寺過去帳」にみえる傾向に一致している（図3）。

　このことから中世後期における死亡の季節性は、実は江戸時代後半における大飢饉にみられたものであったことがわかる。すなわちこのことは、中世後期という時代は、江戸時代後半における大飢饉のような状態が、常態であったことを意味している。いわば中世というのは、毎年毎年、端境期に飢餓が訪れ、それによって多くの人々が命を落としていく、民衆にとっては生存すらが必ずしも保証されていない、過酷な社会であった。

こうした中世の状況は、江戸時代後半でいう飢饉の状態が日常そのものであったということであり、これを慢性的な飢饉状況と認識することができる。

平和と飽食の現代日本で生活している私たちにとって、もはや飢饉を実感することはないし、想像することもほとんどない。しかし、そうした状況は、長い日本列島の歴史からすれば、ごく最近になってからのことにすぎない。近くでは、「終戦直後の食糧難」といわれた状況があったし、それ以前までは、飢餓はかなり身近な事態であった。しかし四〇〇年前の状況は、そうした事態とも比較にならない、現在からすれば想像を絶する過酷な社会であった。

実際、当時の史料をみてみると、旱魃《かんばつ》、洪水、大風などの災害をはじめ、疫病の流行、さらに飢饉を伝える記事は、際限ないほどに出てくる。そうした史料に出てくる情報に限ってみても、中世といわれる十二世紀から十六世紀のなかで、戦国時代といわれる十五世紀後半から十六世紀にかけてに、最も多くみられている（藤木久志『飢餓と戦争の戦国を行く』）。

†飢饉を見る目

どうして中世後期において、それほどに災害、飢饉が頻発しているのか、その理由はまだはっきりしていない。一般的には、飢饉は、災害などによる食料生産の不作から生じるもので、それは災害への対応能力の低さや、生産技術の低さによると思われがちである。たしかに、飢饉の直接的な背景に、災害による凶作があるといえるであろう。しかし現代の日本でも、大凶作はあるし、大災害も少なくない。それでも日本は飢饉にはなっていない。かたや国外に目を転じてみれば、飢饉地域は世界の大部分を占めているという、きわめて重い現実がある。実は私たちは、飢饉が、単に災害や不作によって生じるものではないことを、日頃から体験していることになる。

インドの経済学者アマルティア・センによれば（『貧困と飢饉』）、飢餓や飢饉は、決して災害などによる食料の不作や凶作によって生じるのではなかった。人々の食料を獲得する能力の欠如によって、生じるものであったという。それは食料を獲得できない人々に、食料が行き渡る社会的な関係や仕組みが機能したか、によっていたことになる。すなわち飢饉は、社会的な仕組みそのものに起因していたとみることができる。いわば天災ではなく、人災であったということになる。

言い方を変えてみると、それは、ある社会的な仕組みが、長期的であれ、短期的であれ、それまでのように機能しなくなったことによろう。中世後期についてみてみると、自然環境についての研究によれば、およそ十三世紀後半頃から気候が寒冷化していることが指摘されている。ただデータによって一〇〇年のズレがあるようなので、そのこと自体は確定されているわけではないが、中世のなかで大きな気候変動があったことは間違いない（峰岸純夫『中世　災害・戦乱の社会史』参照）。

気候環境が変化すれば、生産環境は大きな影響をうける。それまでのような生産関係、それを支える社会関係では、十分な生産をあげることはできなくなろう。当然、人々は生産を継続するための新たな取り組みや、まったく別の生産を開発するなど、さまざまな対応をしていくが、それは同時に、それまでの社会関係を破壊し、新たな社会関係を築いていくことになる。その過程では、ある地域・集団での飢饉克服のための行動が、他の地域・集団で飢饉を生じさせる、という現象も少なくなかったに違いない。中世後期というのは、まさにそのような時代にあたっていたのではなかろうか。

なお念のためにいっておけば、飢饉は直接に作物の生産量の低下から生じるのではなかったから、飢饉であったからといって、生産量自体が低迷、低下していたことを意味するわけではない。そうした状況も時にはあったかもしれないことまでは否定しないが。そもそも中世について、生産量が増加したとか、低下したとか検証することはできない。これまでの日本史研究は、生産力の増加を歴史展開における重要な要因ととらえてきたが、人々の行動が、生産力の上昇を第一義としていたわけではないであろう。長期的な比較をすれば、前の時代よりも全体の生産量は増加したというようなことは、あるいは言えるかもしれないが、それは人々の生存のためのさまざまな取り組みから生み出された結果であったと考えられる。したがって、飢饉の克服も、直接には生産力の上昇などによるのではなかった。飢饉は社会関係から生じるのであるから、それはやはり飢饉を克服する社会関係の構築によると考えられる。

†飢饉の時代に向き合う

これまで私たちは、戦国時代を含めた中世という時代をみるにあたって、こうした慢性的な飢饉状況についてほとんど意識してこなかった。暗黙のうちに、人々の安定的な生存を前提にして、時代をみてきていたと言って過言ではない。それは私たちが、現代日本の状況を無意識の前提にして、中世をみてきたことの顕《あらわ》れに他ならない。しかし実態はそうではなかった。人々にとっての最大の課題は、まさに生き残ることそのものにあった時代であった。

これと比べれば、十九世紀前半というのは、基本的には人々の生存が安定的に展開されていた時代とみることができる。その転換、すなわち慢性的飢饉状況が克服される様相や過程については、まだ十分に研究はすすめられていないが、さまざまな事象から、十七世紀後半頃のことと見通されている。少なくとも、戦国時代が終わってから一〇〇年近くは、同様の慢性的飢饉状況が続いたとみて間違いない。

したがって戦国時代をみる際には、何よりも人々の課題が、自らの生存そのものにあった、ということを強く意識しておかなくてはならない。また同時に、この時代は、慢性的な飢饉状況を克服していくための、新たな社会の仕組みが形成されていく時代でもあった。そして戦国大名は、その時代のなかで生み出されているのであるから、それ自体が、そのような仕組みとしての性格を持っていたとみることができるであろう。

†戦争の日常化していた時代

そもそも戦国時代とは、文字通り日々どこかで戦争が行われていた時代であった。それは十五世紀後半から十六世紀末の一五〇年に及んだ。日本国という枠組みからみると、それは一五〇年にわたって同じ民族同士が戦争を繰り広げた内戦の時代ということもできる。戦争が日常的に繰り広げられていたという、この戦国時代の基本的性格についてすら、これまで私たちは充分に意識してこなかった。そのため戦国時代の戦争を、小説やドラマなどにみられるように、単に戦国大名の領土拡張戦のようにとらえ、武士同士だけのものとみて、あたかも民衆とは関係のないもののようにみがちであった。

弓と鑓で武装した百姓が、戦国武将の輸送部隊を襲い、兵糧を奪い取っている（川中島合戦図屏風〈部分〉、和歌山県立博物館蔵）

しかし当然のことだが、戦争の実態はそのように他人事《ひとごと》のようなものではない。戦場では耕地が破壊され、家屋は放火され、人と物の掠奪《りゃくだつ》が繰り広げられた。掠奪は軍勢の行軍中でも行われたから、軍勢が動くこと自体、掠奪が行われるのと同義であったといってもいい。こうした状況は、現代では戦争地域だけでなく、紛争地域や暴動などの際にもみられるが、それと同様のことが日々繰り返されていた。その実態については、藤木久志氏によって詳しく明らかにされている（『新版 雑兵たちの戦場』他）。戦国時代の特質を理解するうえで、このことは充分に踏まえておくべきことと考えるので、以下では藤木氏の仕事をもとに、その一端をみておくことにしよう。

†戦場での掠奪の実態

①北条軍の下総への進軍

まずは関東最大の戦国大名の小田原北条氏の場合である。天正二年（一五七四）五月、北条軍が下総関宿領《しもうさせきやどりょう》（千葉県野田市周辺）・幸島郡《さしま》（茨城県猿島町周辺）に侵攻した際は、「左島《さしま》の郡近辺、麦作・苗代悉く振らせられ候、苗代をば悉く掘り返し、埋めさせられ候秋作まで振らせられ候」と、収穫期を迎えていた夏麦と、田植え前の稲作の苗代をすべて失わせ、さらに作付けされていた秋作もすべて失わせるという、容赦のない生産破壊が行われている。これによってこの地域の収穫は、ほとんど見込めなくなることはいうまでもない。さらに刈り取られた夏麦は、自軍の兵粮にされたと思われる。

②北条軍の上総への進軍

同三年八月、北条軍が上総土気領《かずさとけりょう》（千葉県千葉市）・東金領《とうがねりょう》（同東金市）に侵攻した際も同様であった。「土気・東金両地郷村、毎日悉く打ち散らし、諸軍に申し付け、敵の兵粮を苅り取り、今・明中に一宮へ籠め置き候」と、土気・東金両領の郷村に毎日押しかけ、収穫前の秋作を刈り取り、それを味方の一宮城（同一宮町）に兵粮として搬入している。ここでも両領の収穫は、ほとんど見込めなかったろう。こうした事態は、それこそ戦争のたびにみられたから戦争がいかに戦場になった地域に甚大な被害を与えたかがわかる。

③北条軍の武蔵での進軍

掠奪は、戦場で行われるだけではなかった。軍勢の行軍の過程でも行われた。永禄四年（一五六一）九月、北条軍が、味方の関係にあった、武蔵《むさし》比企《ひき》郡《ぐん》の国衆《くにしゅう》、上田《うえだ》案独斎《あんどくさい》宗調《そうちょう》の領国を通過する際、「案独斎知行《ちぎょう》において、諸軍人・馬取る事、ならびに屋敷の内にて切り取り停止《ちょうじ》せしめ候、但し陣具・芋・大豆の類は、何方の地候とも、これを取らすべきものなり」と、味方である上田氏からの求めに応じて、その領国での北条軍による人や馬、あるいは住人の屋敷からの生活品などの物の掠奪が禁止されている。しかし、武具や芋・大豆などの馬の飼料については、禁止されず、どこでも掠奪していいことになっている。

軍勢はそれこそ手当たりしだいに、戦場に向かう行軍の過程でも、掠奪を行っていたこと、味方領国では基本的には禁止されたが、武具や馬の飼料については公然と掠奪が認められていたことがわかる。

④武田軍の信濃での掠奪

次は、戦国大名の代表的存在である、甲斐《かい》武田《たけだ》信玄《しんげん》（当時は晴信《はるのぶ》）の場合をみてみよう。天文十六年（一五四七）八月、武田軍が信濃《しなの》佐久《さく》郡《ぐん》志賀城《しがじょう》（長野県浅間町）を攻略した際、「男女を生け取りになされ候て、ことごとく甲州へ引越し申し候、さるほどに、二貫・三貫・五貫・拾貫にても、身（親）類ある人は承（請）け申し候」と、武田軍の兵士は周辺の村人を掠奪し、すべて甲斐に連行したうえで、親類などに二貫文から一〇貫文の身代金と引き替えにしたという。

同十七年九月、武田軍が同じく信濃佐久郡に侵攻した際、「さるほどに打ち取る首の数五千ばかり、男女生け取り数を知らず、それをてぎわ（手柄）になされ候て、甲州の人数御馬を御入れ候」と、合戦で敵兵五〇〇〇人を討ち取った他に、無数の村人らを掠奪し、甲斐に連行している。ここでは掠奪が「手柄」と表現されている。

同二十二年八月、武田軍が信濃小県《ちいさがた》郡に侵攻した際、「一日の内に要害十六落ち申し候、分取り高名、足弱は生け取りに取り申し候こと、後代に有るまじく候」と、一日のうちに敵城十六城を攻略し、討ち取った敵兵だけでなく、掠奪した「足弱《あしよわ》」（老人・女性・子供）の数は、後にはみられないほどのものであったという。

⑤上杉軍の関東での掠奪

武田信玄のライバルといわれ、同様に戦国大名の代表的存在である越後《えちご》上杉謙信《うえすぎけんしん》（当時は輝虎《てるとら》）の場合も例外ではなかった。永禄九年（一五六六）二月、上杉謙信が常陸小田城《ひたちおだじょう》（茨城県つくば市）を攻略した際、「小田開城、カゲトラ（上杉謙信）ヨリ、御意ヲモツテ、春中人ヲ売買事、廿銭・卅銭程致し候」と、戦場で掠奪した人々を、二〇銭から三〇銭で売買したという。しかもこれは謙信からの許可が出ていたことであったという。人身の掠奪は、大名から許可されたものであった。

⑥『甲陽軍鑑《こうようぐんかん》』にみえる掠奪

最後は、江戸時代前期の成立で、武田氏を主題にした軍記物『甲陽軍鑑』にみえる掠奪の様子をみておく。軍記物というのは、同時代に作成された記録などとは異なって、後世の人によって、ある程度の脚色を交えながら作成された、物語の部類に属するものになる。しかし『甲陽軍鑑』の内容は、戦国時代の雰囲気をよく伝えているものとして定評が高い。

某《それがし》大将にて、此のあたりの衆を引き連れ、関の山のあなたまで放火いたし、輝虎公の御座城へ……近所まで働き候て、越後の者をらんどり仕り、此方へ召し遣うこと、ただこれ信玄公御ほこさきの盛んなる故なり。

上杉氏との対陣のなか、武田方の部将が謙信の在城地近くまで進み、上杉軍に従軍している人々を「乱取り」(掠奪)し、彼らを奴隷として使役したという。そしてそうしたことができたのも、信玄の武威が強勢であったためという。

乱取りなどにばかり気をよせ、敵の勝利もみしらず。

武田軍に従軍した足軽たちは、戦場で「乱取り」（掠奪）に夢中になっていて、敵軍が勝利したことにも気付かなかったという。

乱取りばかりにふけり、人を討つべき心いささかもなく。

あるいは、「乱取り」（掠奪）に一生懸命で、敵兵を討ち取るつもりなどはまったくなかったという。

分捕りの刀・脇差《わきざし》・目貫《めぬき》・こうがい・はばきをはづし、よろしき身廻りになる。馬・女など乱取につかみ、これにてもよろしく成る故、御持ちの国々の民百姓まで、ことごとく富貴して、勇み安泰なれば、騒ぐべき様、少しもなし。

武田軍に従軍した足軽たちは、討ち取った敵兵から、刀以下の武器・武具類を奪い、それを身にまとって良い格好になり、さらに馬や女性などを掠奪して、財産を殖《ふ》やした。そうして本国甲斐だけでなく、支配下の国々の領民まで、みんなが豊かになった。しかもそれによって領国内は平穏が保たれていたという。

戦場での人・物の掠奪によって領民が豊かになっていったこと、そのため武田氏の領国では騒動が起きるようなことはなく、平穏であったというのである。その前に引用した、信玄の武威が強勢のため、掠奪ができたという内容とあわせて考えると、戦争に勝利し続けることで、掠奪をし続けられること、それによって領民が豊かになる、という戦国大名の戦争の重要な一面を知ることができる。

†掠奪が生存の手段

このように敵地に侵攻すると、まず間違いなく敵地の作物を刈り取り、生産破壊が行われた。こうしたことを、刈田《かりた》狼藉《ろうぜき》といい、敵地の地力を衰退させるための一般的な戦略となっていた。しかしそれは、戦略という範疇におさまるものではなかった。そうした生産破壊によって、その地域の人々はたちまち深刻な飢餓におちいることになった。そのうえ容赦のない掠奪が繰り広げられた。それは作物をはじめ、雑具《ぞうぐ》と呼ばれた日常生活品、さらには人身そのものに至るまで、あらゆるものが対象にされた。しかも人身の場合は、身代金と引き替えにされたり、そのまま奴隷として使役されたり、あるいは奴隷商人に売却されたりしていた。

こうした刈田狼藉を含め、人・物に及ぶ掠奪は、従軍する兵士によって行われたのだが、その兵士のほとんどは、足軽と呼ばれた下級兵士であった。戦国大名の軍隊というのは、おおよそ騎馬一人につき徒《かち》の奉公人五、六人が付き従う、というかたちで構成されていた。そうした奉公人たちは、中間《ちゅうげん》・小者《こもの》などと呼ばれている。これがいわゆる足軽にあたる。その他に、兵粮などを積んだ小荷駄運搬を担う陣夫《じんぷ》があった。それらは、支配下の村々から役《やく》（税金の一種）として徴発された百姓であった。

軍勢全体でみてみると、軍勢の中核となる騎馬兵は、実はおよそ一割程度にしかすぎなかった。大半は奉公人・陣夫によって占められていた。また奉公人には、常日頃から主人に雇用されている「常の奉公人」と呼ばれる者と、戦争の時に付き従う、非常勤的な奉公人、さらには戦争の時だけ雇用される臨時の奉公人、いわゆる傭兵《ようへい》という、幾通りかの形態があった。

傭兵といってすぐに想起されるのが、織田信長《おだのぶなが》・羽柴秀吉《はしばひでよし》の家臣になり、阿波《あわ》国主にまでなった蜂須賀正勝《はちすかまさかつ》であろう。しかしこうした存在は、決して珍しいものではなく、どの戦国大名にも必ずいた。北条氏の場合でいうと、足軽衆と呼ばれた軍団の指揮者を務めていた大藤《だいとう》氏がそれにあたる。その先祖は、紀伊根来寺《きいねごろじ》出身の僧兵であった。北条氏に鉄炮という新兵器をもたらしたのも、この大藤氏と伝えられているし、常に最前線の戦場に配備されているから、まさに戦争専門屋であった。

そしてこのような足軽は、多くは村の出身であった。自分の村では食べていけない人々が村から出て、領主に足軽として仕えるようになったものや、領主と奉公関係を結び、普段は村に居たが、戦争の時だけ足軽として出て行く人々がほとんどであった。だから掠奪する足軽は、掠奪をされた人々と、実は同じ階層であった。彼らがそのように足軽になるのは、掠奪による稼ぎを目当てにしたものであった。

このようにみてくると、戦国時代の戦争は、けっして戦国大名やその家臣たちだけのものであったのではなく、その根底には、そうした村人の戦争参加があったことがわかる。しかもそれが自身やその家族の生存のためであったところに、事態の深刻さがうかがわれる。自村では生活できないから戦争に行ったのである。まさに「口減らしの出稼ぎ」であった。それはすなわち、慢性的飢饉のなかでの生存のためであった。

こうした事情は、現代の紛争地域にもみることができる。少し時間が経っているものであるが、犬養道子氏の『人間の大地』は、今でもそのことをよく認識させてくれる。さらにそこで紹介されている東南アジアでの海賊が、実は沿海漁民であったという事例は、戦国時代の足軽の場合と同じ事態とみることができる。また犬養氏がいうように、「戦争・

動乱が難民・飢餓民を生み、飢餓や極貧やそれらへの恐怖がまた、動乱・戦争をつくり出す」のであり、飢饉と戦争は密接に関連していた。飢餓に見舞われている人々にとって、戦争への参加が、生き残りのための手段になっていた。

ここに戦国時代の戦争が、戦場になった地域を中心にして生産を破壊し、飢饉を生じさせていた一方で、慢性的飢饉状況のなかで、人々にとって生命維持の機能を果たしていたという、きわめて深刻な事態にあったことを認識することができる。

†飢饉と戦争の関係

そうすると、戦国大名の戦争そのものも、飢饉と無関係ではなかったのではないか、と考えていくことができる。そうした状況はどの程度、確認することができるであろうか。まずは甲斐郡内の「勝山記《かつやまき》」の記事からみていくことにしよう。そこには戦国前期における国内の合戦について多くの記事がある。それはちょうど、甲斐守護の系譜を引く武田氏宗家が、一族や国衆との戦争を繰り広げながら、甲斐一国を統一する過程でのことになる。

それをながめていくと、明応元年（一四九二）六月十一日から甲斐守護武田氏で内乱が勃発し、「甲州乱国に成り始めて候」と評されているが、前年の延徳三年（史料では明応元年と誤記）は「この年も大飢饉申すばかり無し」という状態で、内乱勃発頃の夏からようやく「世間くつろぐ也」という状況だった。

永正五年（一五〇八）冬から、ふたたび武田氏では内乱が生じるが、その年は「大雨しきりにして作毛言語道断悪し」「秋作は悉《ことごと》く悪し」という状況だった。同十年に、富士川流域にあたる河内《かわうち》地方の国衆武田《たけだ》穴山《あなやま》氏で内乱が生じているが、前年は全国的な大飢饉で、その年も「咳病《がいびょう》世間にはやる事、大半にこえたり」という状況だった。同十二年から、武田氏と、甲府盆地にあたる国中《くになか》地方の西部の有力国衆武田《たけだ》大井《おおい》氏との合戦が始まるが、翌年について「今年も春よりつまること限りなし」とあるから、その年も春から飢餓状態にあったことがうかがわれる。

領主に限ることではないが、戦争ともなれば、それこそ集団の生死を決するようなものであったため、そこにはさまざまな政治力学がはたらくことになる。そのため、もともとの要因や背景から直ちに戦争がおこなわれるわけではない。しかしそれでも、ここにあげた限られた事例をみただけでも、領主同士の戦争が、飢饉状況との深い関連性を持っていたことをうかがうことができる。そうした災害、飢饉に起因して、どうして領主同士の戦争が起きるのかについては、領主の支配基盤になっていた村の存在を考慮しなければならない。そのことについては第二章で詳しく取り上げる。

それともう一つは、戦争での掠奪目的があげられる。そういえば、北条氏康が家督を継いだ直後、敵対する扇谷上杉氏から、領国に侵攻をうけていた。侵攻は、代替わりから三カ月後の秋のことだったが、その年は春から深刻な飢饉だったことを思えば、扇谷上杉氏の侵攻そのものが、そうした飢饉状況をもとにしていたと考えられる。これまで述べてきたように、戦争では、敵地における食料や家財道具などの掠奪は当たり前だったから、扇谷上杉軍は侵攻した先の村々で、激しく掠奪を繰り広げたに違いない。むしろ、侵攻が秋の収穫の直後にあたることを思うと、秋の収穫物の掠奪そのものが狙いだったのではないか、という疑いを拭いきれない。

†上杉謙信の関東侵攻

戦国大名の戦争が、そのように災害や飢饉と密接な関係から生じていることをうかがうことができる典型的な事例がある。それは上杉謙信の関東侵攻である。このことを発見したのも、藤木久志氏であった（『新版　雑兵たちの戦場』）。

永禄三年（一五六〇）八月末、まだ長尾《ながお》景虎《かげとら》と称していた上杉謙信は、関東に侵攻した。それより以前の天文二十一年（一五五二）に、北条氏によって没落させられていた関東管《かんとうかん》領山内上杉《れいやまのうちうえすぎ》氏の政治復権を名目に掲げたものであった。関東に侵攻した謙信は、それまで北条氏に服属していた国衆たちを、相次いで服属させていった。そしてそれ以降、永禄十年まで、謙信はほぼ毎年のように、繰り返し関東に侵攻し、北条氏と関東支配の覇権を争うかたちで、抗争を繰り広げていくことになる。現在わかっているだけでも、謙信は永禄十年まで、八回におよんで関東に侵攻している。その概要をまとめると次のようになる（黒田基樹『戦国期東国の大名と国衆』）。

①永禄三年八月から同四年六月
②永禄四年十一月から同五年三月
③永禄五年十二月から同六年四月
④永禄六年十二月から同七年四月
⑤永禄八年十二月から同九年四月
⑥永禄九年九月
⑦永禄九年十月から同十年三月
⑧永禄十年十月から十一月

謙信の関東侵攻は、名目としては山内上杉氏の政治復権を掲げたものだったが、大規模な侵略戦争を起こすからには、他にもいろいろな理由があったろう。庇護《ひご》を求めてきていた上野の国衆の復権や、いまだ残存していた支持勢力への支援もその一つであったろうし、その過程で北条氏からは越後まで進軍をうけていたから、将来予想される本格的侵攻を未然に防ぐため、という理由もあったであろう。

また、ちょうど房総里見氏《ぼうそうさとみ》や常陸佐竹氏《ひたちさたけ》からも、熱烈な支援要請をうけていた。里見氏はその年の五月から、北条氏によって本拠の上総久留里城《かずさくるり》（千葉県君津市）を包囲されていたから、まさに絶体絶命の危機におちいっていた。したがって、謙信への支援要請は、執拗におこなわれていた。佐竹氏も、南陸奥《みなみむつ》の白川氏や下野那須氏《しもつけなす》と交戦中であり、白川氏・那須氏を支援する北条氏から、それに擁立されていた古河公方足利義氏《こがくぼうあしかがよしうじ》の名によって停戦命令をうけていたし、それを拒否すればいずれ本格的な侵攻をうけることが予想されていたから、やはり熱心に謙信の進軍を要請してきていた。

謙信は、こうした関東における北条氏と対立する勢力から、進軍を強く要請されていた。すでに北条氏は、関東で最大の政治勢力を築き上げており、これに対抗できる勢力は、もはや関東には存在していなかったから、北条氏と対立する勢力は、頼るべき存在を関東以外の勢力に求めたのだった。謙信の関東侵攻は、こうした関東の反北条氏勢力からの要請に応えるものでもあった。実際、すでに前年に、将軍足利義輝《あしかがよしてる》から、山内上杉憲政《やまのうちうえすぎのりまさ》の進退の一任を取り付け、関東侵攻のための名分を確保していたにもかかわらず、侵攻がこの年の八月末に実現されたのは、里見氏支援が直接の契機だったとみられる。その意味からいって、謙信の侵攻は、そうした関東の反北条氏勢力から呼び出されたものでもあった。

†飢饉対策としての侵略

ならば謙信にとって、この侵略戦争は、まったく外部からの要請に応えるためのものだったのだろうか。戦争が、人的にも経済的にも多大な負担を強いることは、今も昔もかわらない。長期にわたる遠征ならばなおさらであろう。すでに述べたように、戦争では例外なしに掠奪がおこなわれ、戦争そのものが、しばしば飢饉状態と連動していた。謙信が関東に侵攻した永禄三年は、まさに東日本の広い範囲で飢饉になり、疫病が流行していた状態だった。プロローグで取り上げた北条氏康の隠居は、まさにこの飢饉によって行われたものであった。

それは、謙信の本国越後《えちご》も例外ではなかった。謙信の領国も、深刻な飢饉状態に覆われていたのだった。謙信は、そうした状況のなかで侵略戦争を開始したのである。しかもその時期は、秋の収穫期だった。謙信の軍勢が、関東に雪崩《なだ》れ込んだ際、そうした収穫物の掠奪が行われたことは容易に推測されるし、実際にそうであった。

永禄三年を上野厩橋城《こうずけまやばし》（群馬県前橋市）で越した謙信は、明けて永禄四年の二月から、北条氏の本拠小田原城へ向けて、進軍を開始した。そこには前年までに従属してきた国衆だけでなく、常陸・下野・房総などからも、多くの国衆たちが参陣してきた。謙信の進軍によって、相模をはじめとした北条氏の領国は、「国中山野の体《てい》」（「妙本寺文書」）、「山野の体、年月を経られれば、いよいよ侍・人民共に退転すべし」（「箱根神社文書」）、「相州悉く亡国と成る」（「赤城神社年代記録」）といわれるような状態になった。行軍の過程で、容赦のない掠奪が繰り広げられた結果だった。

それと対照的なのが、翌永禄四年三月に、謙信は越後国内に徳政令《とくせいれい》を出していることである。具体的には、越後のなかでも関東寄りに位置する魚沼郡で、上田庄・妻有《つまり》庄・藪神《やぶかみ》に対してのものが知られており、前年の洪水災害からの復興を理由に出されている。国内のそうした危機に対しては、謙信も徳政令による復興策をとっていたのである。そうしたことから考えると、同時におこなわれた侵略戦争は、国内の飢饉対策の一環でもあったとみることができる。それはいわば、飢饉下での口減らしと、他国での食料確保の一石二鳥を狙ったものだった。

謙信の関東侵攻の行動パターンをあらためてみてみると、何よりも侵攻の時期に決定的な特徴をみることができる。先に示した概略のうち、⑥を除いて、秋の終わりから冬に関東に侵攻し、そこで年を越し、翌年の春の終わりから夏の初め頃に、越後に帰国していく、というはっきりとしたパターンを示している。これは越後で雪が降っている間、関東で戦争する、ということであるが、同時にその時期は端境期にあたっていた。在陣中の食料は、関東で調達されたし、戦場では掠奪が繰り広げられたであろうから、これは端境期における食料確保としての意味をも持っていた。あるいは、それこそが謙信の関東侵攻を繰り返させた潜在的な理由であったかもしれない。

同じような事態は、謙信と並び称される武田信玄にもみられた。飢饉状況では、しばしば領主同士の戦争が起こったり、敵対勢力から領国への侵攻をうけることがあった。そうすると、領国を維持しようとすれば、そうした領国内での戦争の勃発や、他国からの侵略を未然に防ぐということが重要になってこよう。先にプロローグで取り上げた、武田信玄のクーデターに対して、国内の人々は、「国々を保つ」「一国平均に安全に成る」などと、国の存続が果たされた、と評価していた。それはそうした事情がもとになっていたのだろう。そのまま飢饉状況が続くと、国内で内乱が生じたり、他国から侵略をうけたりすることが予想されていたのだろう。だから人々は、信玄の代替わりとそれによる「世直し」の実現に期待したのだろう。

そしてその信玄は、クーデターの翌年から、隣国の信濃への侵攻を開始する。それは深刻な飢饉状況から国内を復興させる「世直し」の一環のような様相を呈している。その後、武田氏は、信玄の後継者勝頼《かつより》の代になっても、対外侵略戦争を繰り返した。本国甲斐が他国から攻撃をうけたのは、他ならない武田氏そのものが滅亡した時だった。信玄の代以降、武田氏は常に国外で戦争し続けたのだった。そうした信玄の時代について、甲斐の人々は、他国からの掠奪によって「よろしき身廻(成)りにな」り、さらに本国甲斐だけではなく、その支配下の国々の「民百姓まで、ことごとく富貴し」た、と後の時代に回顧している(『甲陽軍鑑』)。それはあたかも、現在の私たちがバブル期の好景気を回想するようである。

戦国大名があれほどまで侵略戦争を続けた根底には、慢性的な飢饉状況があったとみても、的はずれではなかろう。常に侵略戦争を繰り広げていた武田信玄や上杉謙信は、その典型ともいっていい。羽柴(豊臣)秀吉が、日本列島を統一した直後から朝鮮侵略を行ったのも、その延長であったとみることができる。決して秀吉の個人的な政治観や感情によるものではなかったに違いない。戦国大名とはそもそも、そのように他国からの富の掠奪など、戦争によって獲得される富があってはじめて、それ自体が存立する仕組みにあったのではなかろうか。しかし戦国大名の収入状況などは、ほとんどわかっていないから、その具体像の追究は、これからの課題としておくことにしよう。

第二章

村の仕組みと戦争

†政治団体としての村

飢饉と戦争が日常化していた戦国時代、そこで生きる大多数の人々にとって、最大の課題であったのが、生き残ること、そのことにあった。しかも当時の人々は、現代の私たちとは異なり、生物的な個人が、そのまま社会的な主体として存在していたわけではなかった。個人が個人として社会的な主体として確立したのは、近代になってからのことであった。そのため近代以前の社会では、個人はそれとして存在することはなく、何らかの集団に所属することで、初めて存在することができた。

そうした集団として、もっとも基本の単位になっていたのが、家（家産共同体）であった。もちろん現代の家族とは異なり、特定の家産や家業を持ち、それを継承していくための社会組織・政治団体としての家である。日本では、およそ一九五〇年代の高度経済成長期まで、社会を構成するもっとも基礎的な仕組みとして存在していた。それは近代以前のものと比べれば、大きく機能を縮小させたものとはいえ、高度経済成長期あたりまでは、何とはなしに輪郭を感じ取ることができるであろう。ましてや近代以前においては、まさに家は、血縁家族以外の人々を包み込んで構成された社会組織・政治団体であった。その構成員は一蓮托生《いちれんたくしょう》の関係にある、運命共同体であった。

しかし中世では、有力な百姓であったとしても、単独の家だけでは、継続的に存続することはできなかった。たとえ家を構成していたとしても、たいていは何代かのうちに潰れてしまっていた。現代の日本人の先祖を遡《さかのぼ》ってみると、十七世紀終わりから十八世紀初めの元禄時代（一六八八〜一七〇四）頃までたどりつくのがせいぜいである。大半はそこまでもたどりつかない。ましてやそれ以前の、江戸時代初期まで先祖をたどれるのは、村の有力者かそれ以上の階層に限られ、それはほんの一握りの割合にすぎない。このことからしても、私たちはまさに、慢性的飢饉を乗り越えた人々の子孫にあたる。

それまでの時代では、それほどに家の存続は困難であった。そうしたなか、人々は家同士が連合して、あるいは有力な家の保護をうけることによって、存続を図ってきた。そうしたものに、生業をともにする家々が連合した生業共同体、あるいは領主の家などがあったが、十三世紀後半以降、それは多く、村によって担われていくようになる。

すなわち慢性的飢饉のなかで、人々が生き残りのための組織として創り出し、維持していったのが、村であった。現代の日本社会の特質を表現する際に、しばしば「村社会」という言葉が持ち出されるが、その村である。村については、一九八〇年代後半から、藤木《ふじき》久志《ひさし》・勝俣鎮夫《かつまたしずお》・蔵持重裕《くらもちしげひろ》各氏などによって、解明がすすめられた。以下でも、それらの研究に学びながら述べていく。

†村の仕組み

村とは、本来は人々の群れを指す言葉といい、用語そのものは古代から使用されていた。しかしここでの村は、そうした村とは性格が大きく異なる。また村を村落とも言い換え、集落や生業共同体を指して用いられることも多いが、ここでの村・村落は、そうしたものとも性格が異なる。集落のようなものを村・村落と呼ぶならば、それらは自然的村落と理解することができるであろう。それとは異なり、ここで取り上げる村は、政治的村落である。当時の用語で「惣村《そうそん》」「惣庄《そうしょう》」などと表現されるものにあたる。この村が、畿内近国《きないきんこく》など早いところで、十三世紀後半頃から恒常的にみられるようになっていたと考えられ、十五世紀には関東を含め各地域において、恒常的にその存在を確認することができる。

「村社会」という言葉は、この政治的村落に起因している。そしてそれは、ある歴史的な段階で誕生し、継続して存在するようになっていった。従来からあった集落や生業共同体、あるいは領主の支配単位になっていた村・郷・庄などの用語で表現されたため、あたかもそれ以前の村・村落から展開したものとして理解されがちであるが、本質的にはまったく異なるものと理解しておいたほうがいい。実のところ、それ以前の村・村落がどのような性格のものであったのかはわかっていない。ただ政治的村落にみられる特質が、それ以前の史料にはみられず、そうした特質とともに「惣村」「惣庄」という用語が登場してくるため、それ以前の村・村落には存在していなかったと考えられる。

この政治団体としての村は、法人格として存在し、村として一定領域を知行《ちぎょう》（占有）し、構成員（メンバーシップ）を認定し、その構成員に対して独自の徴税権、立法権、検断《けんだん》権（警察権）などを行使した。そして個々の構成員の私権を制約する公権力として存在した。それだけではなく、構成員によって独自の武力（軍隊）を保持し、その武力は、村の存続のために外部の集団に対して発動された。こうした村の姿は、現代の国民国家を想定すればわかりやすい。しかもそれら村の意志や行動は、特定の家や人物が決定するのではなく、構成員が全員参加した寄合《よりあい》によって決定された。

慢性的な飢饉の時代、家の存続は、在地の有力者層でも困難であった。十五世紀頃の有徳人《うとくにん》（資産家）が戦国時代を生き抜いている例はほとんどなく、逆に戦国時代の有力者は、それ以前には確認できない場合がほとんどである。さらに江戸時代までの存続が確認されるのはきわめて少数であったから、十七世紀までは有力者層ですら、家の存続は困難な状況にあった。それだけでなく、いまだ家を形成できない人々も多く、あるいは一旦は家を形成したとしても、家が解体してしまった人々も大勢いた。そのため村は、そうした家の存続が困難であった社会状況のなかで、人々の生存のための組織として機能し、そのために維持されていったのであろう。

†村の特質

村が形成され、さらにそれが維持された経緯も、慢性的な飢饉を背景にしていた。隣接村落との、生産のための用益をめぐる相論《そうろん》（紛争）によるものであった。ちょっとした災害によってもたちまち飢餓におちいってしまうような状況であったため、それこそ災害のたびごとに、農業用水や肥料・飼料になる草木の採取など、生産のための用益をめぐって、しばしば争いが生じていた。しかも中世の民衆は、日常的に帯刀していたから、争いは武力をともない、さらに親類・縁者を巻き込んでたちまち集団同士の争いに展開した。

村は、そうした生業をめぐる争いに勝利するため、同業ではない人々をも争いに参加させ、用益を知行するなわばりを形成し、維持するための組織として創り出されたと考えられる。まさに村というのは、他の集団との戦いのために創り出された、といっていい。構成員の私権を制約する公権力として存在したのも、そのためであった。人々は日常的には他の村人と血縁などの関係があったが、ひとたび戦いになると、そうした私的関係は切断され、所属する村のために命を賭《と》すことになる。それは戦争に他ならない（蔵持重裕『中世　村の歴史語り』）。

もちろん村の内部には、さまざまな階層差や身分差があったし、上層の百姓と下層の百姓との間には、しばしば主従関係も存在した。さらに村に居住していながら、村の構成員として認められない人々も存在していた。村は、まさに多様な立場の人々によって構成されていたのであるが、言葉を換えれば、村は、そうした多様な立場や関係にあった人々が、それを否定することなく、何よりもそこで生存・生活を遂げることを最優先にして構築された組織であった。

それだけに対外的な関係が、人々を村という組織に求心させた。そして対外戦争のために構築された非常時の組織を、日常的な組織として維持していくための仕組みが、村による私権の規制であったり、身分制であったりした。人々が、そうした村の拘束性を生存・生活のための障害ととらえるようになるのは、村に依拠しないでそれらが遂げられるようになった、近代以降のことであり、その解体は戦後になってからのことといっても過言ではない。

†一揆としての村

村の特質について、少し別の角度からみてみよう。村という社会組織を構成するのは、その構成員である。具体的には、個々の家になる。構成員は、村に税金を納め、労役や軍事の負担をする。その代わり、村が管轄する用益を利用することができるなど、村の保護をうけることができた。

ここで留意しておく必要があるのは、村の領域で生活している人すべてが、構成員であったわけではなかったことである。村には、村の構成員とは認められず、そのため村への負担や村からの恩恵の内容に差別化されたり、あるいはまったくそこから排除された人々もいた。したがって村とは、まずはそうした構成員が創り出し、それら構成員のための組織であった。このことは、現代の国民国家を考えればわかりやすい。日本国での生活者がすべて日本国民であるわけではないことと同じである。

そのうえで村とは、実際の生活のなかでは、さまざまな違いを持っている構成員が、一致団結したものであった。この村の特質を、何よりも的確に言い当てているのが蔵持重裕氏である（『中世　村の歴史語り』）。現実的な社会的・経済的な格差や関係のあり方にかかわりなく、「すべての諸グループ・家から等距離をもつ第三者化された世界、一種の公界《くがい》」と、表現している。

この蔵持氏の理解は、今村仁司《いまむらひとし》氏の「第三項排除《だいさんこうはいじょ》の論理」（『排除の構造』）を援用したものである。「第三項排除の論理」とは、近代以前と以降を問わず、秩序・システム（組織・制度など）を生成する、社会形成の根本的論理である。何かを外部に排除・隔離することによって、異なる二項、対立する二項が、同一化、単一化される。それがすなわち、秩序やシステムにあたる。そこでは構成員の全員一致、大同団結が実現されている。現代でいえば国民国家に、もっとも典型的にみることができよう。それはまた、当時の言葉でいう「一揆」にあたる。一揆については、今村氏自身も、「現実的であれ想像的であれただひとつの第三項をたたき出すために共同体の全メンバーが一致団結し心をひとつにする」、第三項排除効果であると位置付けている。

村では、鎮守《ちんじゅ》や村寺を結集の核とし、村の意志を決定する寄合は、そこで行われた。この場合では、鎮守や村寺が排除された第三項にあたる。すなわち、村とは、実際にはさまざまな違いを持っていた構成員が、鎮守や村寺という第三項を介することで、等しく、均一なものとして関係し、それによって生成された社会であった。そしてそうした村が、十三世紀後半頃から、恒常的に存在するようになっていた。ということは、その頃から、諸用益をめぐる村同士の争いが恒常化していた、ということを意味している。

†村の戦争

村同士の、武力をともなった争いは、当時の支配者からも「合戦《かっせん》」と表現された。「合戦」は、決して領主レベルだけのものではなかった。このことから中世というのは、領主から民衆までの多様な階層で、いたるところで合戦が繰り広げられていた時代であった。

合戦は、蒙《こうむ》った損害や名誉を回復するために行われた。損害は、「当」「不足」などと称され、それを回復することは「相当《あいとう》」と称された。それは具体的には、報復行動を意味した。やられたらやり返す、目には目を歯には歯を、であった。

合戦では、必ずといっていいくらい、死者が出た。そもそも中世の人々は、日常的に武器を所持していた。刀・脇差《わきざし》だけでなく、弓・鑓《やり》、さらに戦国時代後半には鉄炮をも所持していた。こうした武器を「兵具」と称している。武器を用いて争われるのであるから、そこでしばしば死者が出るのは当然のことになる。村の存続のための争いに、村人は自らの死を賭《と》して臨む。逆に言えば、村は、その構成員に死をも強要した。このように存続のために、構成員に死をも強いる点に、村が自立した主体であった証しをみることができる。それは社会そのものであり、現代でいえばそれは国家にあたろう。ここに村を、国家としてみることの意味と必要性がある。

戦争となれば、何よりも戦力がものを言う。それはたいてい、軍勢数によった。そのため村は、戦争にあたって他の村に援軍を求めた。こうした加勢を「合力《ごうりよく》」といっている。紛争する双方で、加勢を求めあったから、村同士の争いは、たちまち村々同士の争いへと拡大していく。合力してくれる村は、「かねて申し承り候勢」とか「合力あるべき方」などといわれている。これは以前から、合戦になった場合には、互いに援軍を出し合うことが取り決められていたことを意味している。一方が戦争を起こしたら、他方は必ず加勢する、という関係である。こうした合力しあう関係を、合力関係と呼んでいる。まさに攻守軍事同盟であった。村は、いざという時のために、複数の村と、そのような関係を結んでいた。そして戦争になると、それら同盟村から援軍を獲得し、相手方に挑んだのであった。村の戦争は、このような「相当」「兵具」「合力」をキーワードにして行われていた。もっともそれは、村に限られたことでなく、領主にも限られない、中世の自立した社会集団の戦争すべてに共通するものであった。三つのキーワードは、中世の戦争のそれであった。いや、それは現代の戦争にも共通するものであろう。中世の特徴は、戦争の主体に、あらゆる社会集団がなりえていたこと、とりわけ村という、民衆が創り出す組織に、日常的にみられたことにある。

†近江菅浦村と大浦庄の戦争

村同士の戦争の様子を、具体的にみてみることにしよう。取り上げるのは、文安二年（一四四五）における近江国《おうみのくに》菅浦《すがのうら》村と大浦庄《おおうらのしょう》（ともに滋賀県西浅井町）との戦争である。これはこれまでにも、藤木久志氏（『豊臣平和令と戦国社会』）や蔵持重裕氏（『中世　村の歴史語り』）などによって、村の戦争の格好の事例として取り上げられている著名なものである。とりわけ蔵持重裕氏の『中世　村の歴史語り』は、この戦争の経過を辿りながら、中世の村の特質を解き明かしたものであった。ここではそれらの成果に基づきながら、簡単にその様子の一部をみていくことにしよう。

菅浦村と大浦庄は、琵琶湖の最北端に隣り合って位置する。両村は、早く鎌倉時代中期から、しばしばその境界をめぐって争いを繰り広げてきている間柄にあった。とりわけ、両村からちょうど中間辺りに存在する、日差《ひさし》・諸河《もろかわ》という場所の帰属をめぐって争いが絶えなかった。同所は周辺には珍しく耕地が開けた場所で、自村の領域に耕地がほとんどない菅浦は、とくにその領有を主張してきていた。このときの争いは、互いの持山の利用をめぐる問題から生じているが、実はそれは日差・諸河での耕作のための山利用であったため、争いは最終的には、またも同所の帰属をめぐる問題として展開していっている。

この年の三月、大浦側から菅浦に対し、大浦の持山に菅浦の者は入れないと通告があった。対して菅浦は、自村の領域を主張している日差・諸河に、大浦の者は入れないと対抗した。六月、大浦の者が同所に入ってきたため、一悶着があったが、近隣の人々の仲裁によって、ひとまず和解が成立した。その仲裁案は、元の通り、お互いに山に入り合う、というものであったが、大浦側では、大浦の者は菅浦の山に入るが、菅浦の者は大浦の山へは入らない、と決めていた。どうやら和解案は、お互いに認識が異なっていたか、充分に調整が付いていなかったらしい。

七月二日、そのことを知らなかった菅浦の若衆二、三十人が、大浦の山へ、船一〇艘で入っていった。そうすると大浦は、大勢で襲ってきた。幸い菅浦側は、一人も討たれることなく引き揚げることができた。大浦では、菅浦からの報復に備え、日頃から同盟関係にあった海津東浜《かいづひがしはま》・今津《いまづ》・堅田《かただ》・八木浜《やぎはま》各村に援軍を要請し待ち構えていたが、菅浦から攻め寄せてこないので、七月四日、逆に大浦側は菅浦に攻め込んだ。菅浦では、同盟関係にあった村々からの援軍を入れておらず、援軍としてはただ西野《にしの》・柳野《やなぎの》各村の軍勢四、五十騎がいただけであった。八木浜・堅田勢が数十艘の船で海上を封鎖し、大浦側は菅浦の後山から勢いよく攻めかかってきた。菅浦は無勢であったが、味方に損害を出すことなく、撃退した。

七月十日、今度は菅浦が、八木公文《やぎくもん》殿・安養寺《あんようじ》殿、河道北南《かわみちきたみなみ》・西野・柳野・塩津《しおづ》・飯浦《はんのうら》(はるの浦)・海津西浜各村から援軍を得て、大浦に攻め寄せた。それぞれ攻め口を分担し、数方面から襲撃した。その際、海津西浜勢で六人、中二郎という者一人、柳野の中峰《なかみね》殿の一族九人が戦死した。そのため菅浦では、この恩を末代まで忘れてはならない、と書き置いている。そしてこの戦いによって、この年の秋の、日差・諸河の田の作物は、菅浦で収穫できた。この後、両方から京都の領主に訴訟され、最終的には室町幕府の裁判にのぼっ

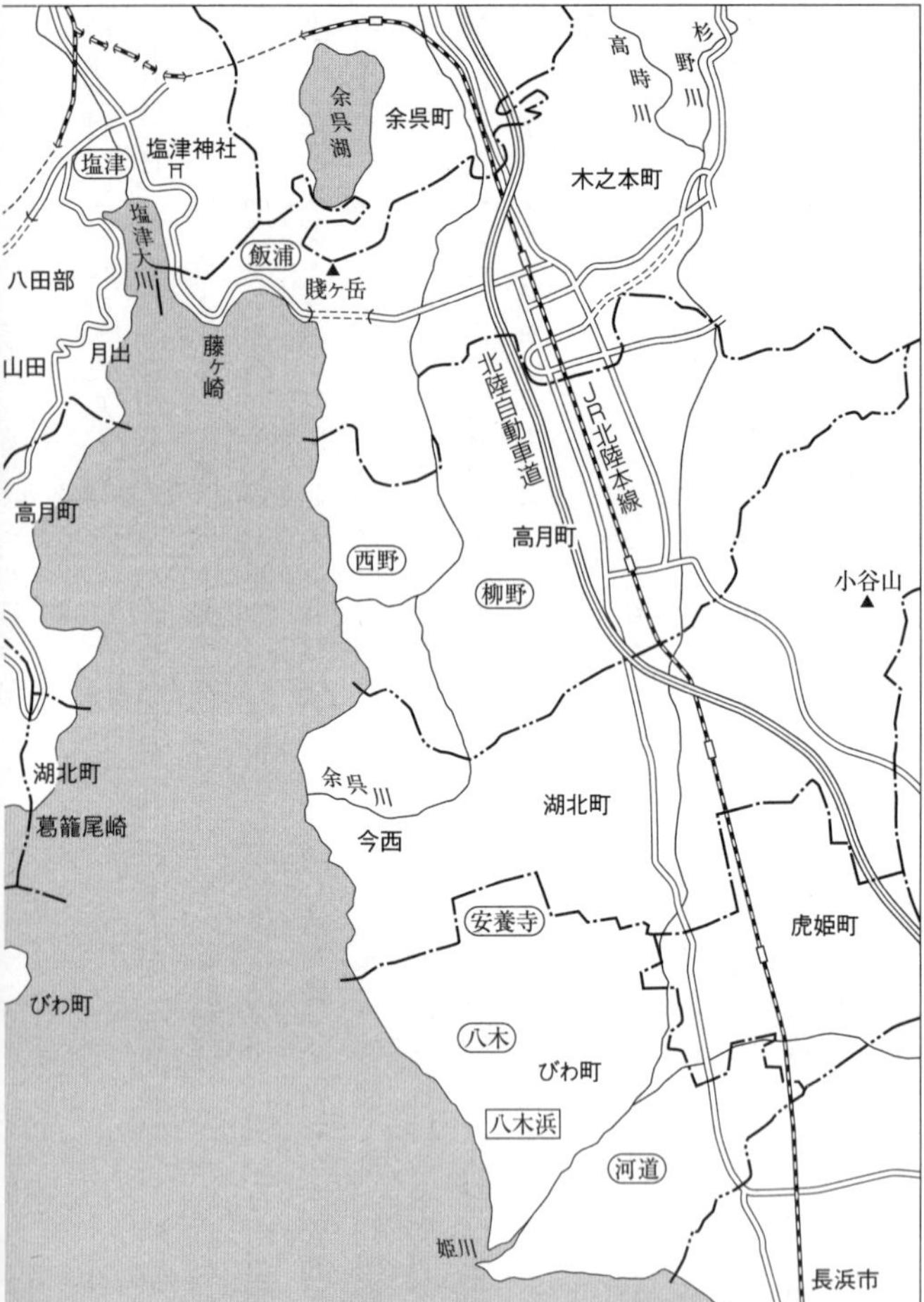
余呉湖
余呉町
塩津
塩津神社
塩津大川
飯浦
賤ヶ岳
八田部
山田
月出
藤ヶ崎
高時川
杉野川
木之本町
北陸自動車道
JR北陸本線
高月町
西野
高月町
柳野
小谷山
湖北町
葛籠尾崎
余呉川
今西
湖北町
安養寺
虎姫町
びわ町
八木
びわ町
八木浜
河道
姫川
長浜市

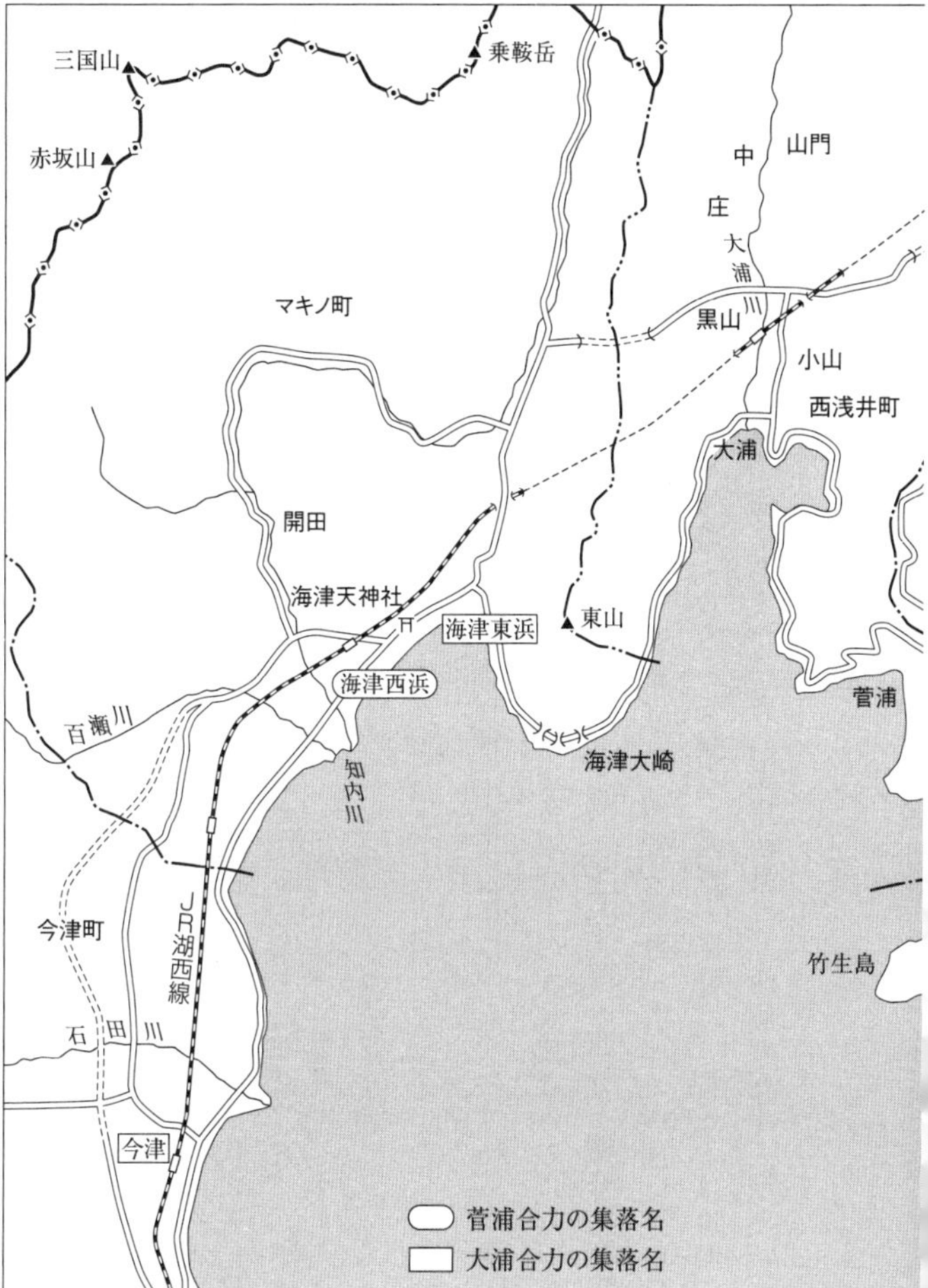

文安四年の菅浦村・大浦村相論
（蔵持重裕『中世　村の歴史語り』をもとに作成）

ている。その間でも現地では武力をともなう争いが断続的に続いたが、翌年に京都での裁判でひとまず決着が付くことになる。

その間、現地での合戦では、七、八十歳の老人も弓を取って戦い、女性たちも水を汲んだり、盾《たて》を背負ったりした。今後もこのように行動すべきだ、という。さらに京都での訴訟費用に二〇〇貫文、現地での合戦で援軍に対しての兵粮に米五〇石、酒代に五〇貫文がかかった。この費用のために菅浦では、多くの借金を抱えることになり、五、六年は遣り繰りすることになった。

†合力関係の広がり

この合戦で、菅浦・大浦ともに、近隣の村々から援軍を得ている。そのため合戦は、単なる村同士の争いにとどまらず、数カ村から成る連合軍同士の大規模なものになっている。菅浦に援軍を出したのは、八木公文殿・安養寺殿、河道北南・西野・柳野・塩津・飯浦・海津西浜各村である。河道・八木・安養寺と、西野・柳野、塩津・飯浦は互いに隣接しあって位置している。しかも河道・八木・安養寺・西野・柳野は、菅浦とは東側の湾を挟んで湖の対岸に位置しあう関係にある。一方の海津西浜は、西側の海津大崎《かいづおおさき》という岬を越えたところに位置している。

援軍のうち、八木・安養寺については、特定の人物になっている。八木公文殿というのは八木村の庄官、安養寺殿は同名の村名を名字にした、ともに武士クラスの人物とみられる。おそらくそれぞれの村を政治的に代表する存在で、村の軍事を担当する侍衆とみられる。各村を代表して援軍として出てきたのであろう。それに対して河道北南以下は、村の軍勢であった。もっとも柳野勢のなかに、中峰殿と称された武士クラスの者がおり、彼は一族を率いてきていたから、彼も安養寺殿と同じような、村で軍事を担当した侍衆であろう。村の軍勢といっても、そうした軍事担当の侍衆が中心になっていたとみられる。

他方、大浦に援軍を出したのは、海津東浜・今津・堅田・八木浜各村であった。海津東浜は同西浜の東隣りに位置し、八木浜は八木と河道北南の間に位置している。今津は海津両村から西側沿岸を南に下って少し離れたところに位置している。堅田はさらにそれよりも遥か南に下った琵琶湖の南端にあり、距離的にはかなり遠くに位置している。

このように両村が合力関係を結んでいた村々は、かなりの広域にわたって展開していた。その広がりようには、あらためて驚かされる。そうした合力関係の背景には、近隣同士の結びつきや、生業上の結びつきなどがあった。菅浦側では、塩津・飯浦は菅浦の東隣り、西野以下はその東側の琵琶湖東岸に展開している。しかも菅浦の裏山の峰から東側は、菅浦の領域ではなく、実は湖東諸村の領域になっていたところで、それこそ西野以下の各村が山利用していた。他方の大浦側は、大浦と海津大崎を挟んで西隣りの海津、その南隣りの今津《いまづ》、そしてそれと湖上運輸で結びつきの強い堅田という具合である。

しかしその一方で注目されるのが、海津西浜と同東浜、八木・河道北南と八木浜という互いに隣り合った村同士が、それぞれ異なる陣営と合力関係を結んでいることである。菅浦と大浦は、隣り合う村同士であったが、まさに生業をめぐって厳しい対立関係にあった。隣り合う村同士では、そうした対立は珍しくなかったから、それらの村同士もおそらく同様の関係にあったのであろう。さらに湖上運輸の面では、塩津と今津がライバル関係にあった。そうすると村同士の合力関係は、さながら敵の敵は味方式の、複雑な対立関係をも背景にしていたことがうかがわれる。

†援軍派遣の書状

このときの菅浦と大浦の合戦でのものではないが、菅浦と同盟関係にあった海津西浜村から、菅浦村に送られてきた書状（手紙）がある。本文は次のようなものである。

急度《きつと》申せしめ候、其元境目御相論の由、千万御心元無く存じ候、自然人数等御用に付いては、御さう次第若輩遣わすべく候、様体具《つぶさ》に承り度候、

〔一筆申します、そちら（菅浦）で境目の争いだそうで、いろいろ御心配に思っています。万一軍勢が必要なときには、御連絡次第に若衆を派遣するつもりです。状況を詳しくお知らせ下さい〕

差出と宛名が村でなく、本文をみただけならば、戦国大名同士でやりとりされた書状と思っても不思議ではない、それらと区別のつかない文面である。こうした大名同士で交わされるような内容の書状を、村同士で交わし合っていたこと自体、驚きである。海津西浜は、菅浦で境目の争いになったことを聞きつけたのであろう。それに対してここで、その場合にはいつでも援軍を送るから、それについて詳しい連絡をして、と申し入れている。

菅浦と大浦との合戦に関するものではないが、同じように援軍の派遣を承諾している書状がある。それは琵琶湖東岸の中庄《なかのしょう》村（滋賀県近江八幡市）から、湖西沿岸の小松村（同大津市）に送られたものである。中庄の村名を名字にし、同村の政治的代表者であった中庄隆久《たかひさ》から、小松村の名主《みょうしゅ》・沙汰人《さたにん》と称される執行部に宛てて出されたものである。

打下《うちおろし》と其方堺相論の儀に就き、委細中屋将監《しょうげん》を以て申（され）候、聊かも聊爾《りょうじ》の儀候ては然られべからず候、人数入る事候はば、何時も遣わすべく候、日取り以下調え、将監にもたせまいらせ候、彼方懇ろの大事の事に候間、自然地下《じげ》不足の儀候ては、外聞実儀然るべからず候、此の時涯分此方にて合力何と申し候べく候、定日《じょうじつ》承り渡海すべく候、是との趣、地下《じげ》仁《にん》等に仰せ聞かさるべく候、恐々謹言、

〔打下とそちら（小松）で境の争いのことに関して、詳しいことを中屋将監から連絡をうけました。少しでも手抜かりがあってはよろしくありません。軍勢が必要な場合には、何時でも派遣します。日程を調えて将監に持たせ連絡します。あちら（中屋将監）は親しく大切な存在ですので、万一村が損害を蒙ったら、外への聞こえもよろしくありません。何としてもこちらでは合力するつもりです。決められた日程で渡海します。これらのことを村人にお伝え下さい〕

境相論を起こしている小松村と打下村（高島町）も、ともに隣り合って存在しあっていた村で、主に山利用をめぐって対立を続けていた。小松村は、材木・薪や石材などを琵琶湖を挟んだ湖東地域に移出していた関係から、湖東の村々とは日常的に密接な関係があった。そこでの拠点になっていたのが、小松村とはほぼ対岸にあたる長命寺湊《ちょうみょうじみなと》（近江八幡市）で、中庄村はその隣りに位置していた。小松村の人々は、日頃から長命寺湊に出入り

していたから、中庄村との関係も、そうした日常から生まれたものであろう。

中庄村が、小松村からの合力要請に応じたのは、中屋将監から依頼されたからであった。彼はおそらく小松村の有力者の一人で、中庄村に出入りするなど密接な関係にあった人物なのであろう。中庄隆久は、彼からの依頼だから、ということで合力に応じている。合力関係が、そうした日頃からの付き合いをもとに形成されていくことがわかる。

†戦争の代償

村同士の合戦とは、このように紛争の当事者同士だけでなく、互いに合力関係にある村々から援軍を得て行われた。こうしたことが、それこそ相論のたびに起きていたのであるから、いかに村同士の合戦が、激しく、大規模で、しかも頻繁に行われていたか、容易に想像がつくであろう。しかも村同士とはいえ、戦争であったから、人的にも物的にも大きな被害や犠牲が出たし、金銭的にも多大な負担がともなっていた。

菅浦と大浦の合戦の場合でも、菅浦側で、海津西浜村の者六人、中二郎という者一人、柳野村の中峰殿の一族九人が戦死している。この時だけで十六人の死者を出している。その後の争いのなかでも、互いに何人も死者を出し合っている。その他にも、大浦側が菅浦村に攻め込んできた際に、大門の木戸や小屋二つが焼失している。また死傷者が出る以外にも、菅浦の赤崎の麦を大浦が刈り取り、対して大浦の大津・小津の麦を菅浦が刈り取ったり、あるいは菅浦が日差に田植えすると、大浦がそれを踏み返したり、といった生産破壊も互いに行われている。

直接、戦闘にあたるのは、村の正規の構成員であった。およそ十五歳から六十歳までの成人男子であった。そのなかでも中心の戦力になっていたのは、若衆・若者などと呼ばれた若年層であった。村の組織は、年齢階梯《かいてい》制をとるところが多く、年寄・宿老《しゅくろう》・乙名《おとな》・大人などと呼ばれる老年層（現在でいえば中年層）が、村の政治を主導し、合戦でも指揮官を務めた。若衆はその指揮のもと、直接に戦闘にあたる実行部隊であった。村の検断にあたるのも、彼らであった。

しかし村の中まで敵方に攻め込まれた場合、村はそれこそ住人の総力戦で防衛にあたった。居住地に攻め込まれているのだから、そうなるのも当然であろう。防衛の主力は、村の武力を担う成人男子であったが、大浦が菅浦に攻め込んだ場合でも、村の構成員から引退していた七、八十代の老人たちも武器をとって戦い、女性たちも水汲みをしたり、盾を担いだりして、防戦にあたっていた。すべての住人は、好むと好まざるを問わず、戦争に巻き込まれたのであり、むしろ村の存立のために、さまざまなかたちで戦闘に参加したのであった。

それだけでなかった。戦争ともなれば、多額の費用がかかった。菅浦では、兵粮米五〇石、酒代五〇貫文がかかっている。これらは合力してくれた援軍に御礼として支払われたものであろう。現在でもそうだが、援軍はタダではありえなかった。村同士の合戦でも、援軍に対して、在陣中の食料などは、それを要請した側で面倒をみたのである。一石＝一貫文が相場であったから、このときの援軍への支出は、合計でおよそ一〇〇貫文になる。

そもそも戦争の原因は、日差・諸河の領有をめぐるものであった。同所の生産量などはわからないが、同所からの領主への年貢は、二〇石・二〇貫文であったから、合計でおよそ四〇貫文であった。援軍への支払いだけでも一年分の年貢の二・五倍の費用になっている。このときはさらに、京都に訴訟されその裁判費用として二〇〇貫文がかかっている。援軍への支払いと合わせれば、合計で三〇〇貫文である。何と同所の年貢分の七倍以上の額になる。

しかもこの多額の戦争・裁判費用は、借金で賄われた。その返済には五、六年かかっている。すべてが借金によったのかはわからないが、その間、村では資金調達に懸命で（「計会」）、借金が嵩《かさ》んだというから、大半は借金されたのであろう。全額借金されたとして、この頃の利息の相場は五、六割であったから、仮に五割としても元利合計で九〇〇貫文、これを六年で返済したとして、単純に割ると、一年あたりの返済額は一五〇貫文になる。同所の年貢分の四倍近い額である。いかに戦争・裁判に多額の費用がかかるものであったかがわかる。

戦争も裁判もともに、同所の領有を維持するための政治活動であった。それにはこれだけの費用がかかっていた。逆に言えば、それだけの費用をかけてまで、日差・諸河の領有の維持を図っていた。それはその領有が、菅浦村にとって、村人の生存を支えるうえで重要な要素であったからであろう。すべては生存のためであった。人々にとっては、生存・生活の現場という、もっとも身近なところで、そのような戦争が日常のように起きていたのである。

†下総での村の相論

政治団体としての村や、それによる村の戦争のあり様については、史料の残り具合の関係から、畿内近国《きないきんごく》と呼ばれる、近畿地方の事例が圧倒的に多い。しかしそれ以外の地域に、史料がほとんど残されていないからといって、政治団体としての村が存在していなかったのではなかった。そのことを伝える史料はきわめて少ないながらも、それ以外の地域でも、その存在をみることができる。

一般に、領主支配が強いため、村は成立していなかったといわれることの多い、東国といわれる関東地方などでも同様である。よく、東国に村はなかった、といわれることがあるが、それは単なる予断でしかない。また村の存在は、領主支配の強弱とも関係のないものであった。そもそも領主支配に強弱をみることができるのかどうか、という考え方に、私は疑問を持っている。

ここでは数少ない事例の一つとなる、下総の最大の領主であった千葉氏の氏神にあたる、千葉（千葉県千葉市）の妙見社《みようけんしや》の所領であった村々の場合を取り上げよう。事例は、およそ永正年間（一五〇四〜二一）のことで、同社の座主《ざす》（長官）が範覚《はんかく》の代のことになる（「千学集抜粋」）。

妙見社の所領に小金《こがね》領貝塚（千葉県市川市）があった。隣接する宮窪《みやくぼ》（同）と、物見《ものみ》はたけと称されていた畠地の領有をめぐって相論になった。宮窪には「十一騎の士」と称された人々がいた。おそらく村の軍事を担当する侍衆であろう。宮窪は彼らを先頭にして相論に及んだ。貝塚の百姓はこれに対抗するとともに、さらに社領代官をも呼び出して対抗している。結果は、妙見社が相手方の宮窪に攻め寄せ、神鉾《かみほこ》を立てるという宗教的威嚇をもって、畠地の領有を勝ち取っている。

小金領大野（市川市）は、千葉氏重臣の原豊前守《はらぶぜんのかみ》の所領であったが、そのうち西村は妙見社領であった。豊前守の被官（家来）の石手の弟が、自村の百姓大勢を引き連れて、西村に押し込んできた。石手は同村の出身で、領主豊前守の被官になっていたと思われる。もともと村の有力者であったろう。その弟が村の政治的代表の立場にあったのであろう。

石手弟らの乱入に西村百姓も対抗したため、「喧嘩騒動」になり、西村百姓は石手弟を棒打ちした。石手弟が殺害されたと思った相手方は、その報復として、島田という西村百姓一人を打ち殺した。騒動はおさまり、相手方は石手弟を棒打ちした西村百姓はそのままにして引き揚げていった。騒動の原因はわからないが、何らかの用益争いであろう。ここでも村同士が暴力をともなう争いをし、死者を出している。

しかし事態はそれでおさまらなかった。石手弟は死ぬことなく生き延びたため、これを聞いた領主範覚が立腹して、神輿を大野の豊前坊(本光寺)に立てる、と相手方を威嚇し、そうして大野から、石手弟を縄打ちして差し出させた。範覚は彼を連行し、千葉に入る手前にあたる佐草部(「さくさ辺」、千葉市)の下り口(「おりと」)で、頭を切って鉾に貫いて処刑した。石手弟が範覚・西村側に差し出されたのは、西村百姓一人が殺害されており、その代償のためである。

このような殺害の代償として、相手側に差し出された存在を、解死人《げしにん》(下手人)という。被害者側の損害の代償として、その相当の報復を請けるために、加害者側から被害者側に引き渡されるものであった。これはただちに実力による報復の展開を抑止し、紛争を平和的に解決するための中世社会における慣行であった。そして解死人は、この場合にもみられるように、相手側によって殺害される。

「喧嘩騒動」が何らかの用益争いから生じたとしても、死者が出たことによって、紛争の性格は急転し、殺害に対する報復の応酬へと転化していく。被害をうけた西村は、領主の範覚に合力を依頼したらしく、範覚が乗り込んできている。そしてこの場合では、範覚による宗教的威嚇に屈し、加害側が解死人を差し出すことで、問題の解決が図られている。

†常陸での村の相論

もう一つ、東国での事例を紹介しておこう。常陸南部に江戸崎土岐《えどさきとき》氏という国衆がいた。その領国でのことである。安見郷《あみごう》岩坪《いわつぼ》村と、その隣の若栗《わかぐり》村(ともに茨城県阿見町)との相論である(「湯原尹氏所蔵文書」)。

戦国時代も半ばの永禄四年(一五六一)に、安見郷岩坪村が若栗村の村山に立ち入ったため、若栗村はそれを防ごうとし、互いに棒打ちするという合戦となり、若栗村の百姓三人が討死した。そのため同村は領主の波多野山城守《はたのやましろのかみ》に合力を要請したらしく、波多野氏は岩坪村に押し寄せて、同村に対し解死人を請求した。そこに久野郷(牛久市)の領主土岐《とき》越前守《えちぜんのかみ》(頼基)が近所の吉原村(阿見町)に来ていたので、それに調停が依頼され、解死人を出すかわりに、岩坪村から百姓が退去するということで決着をみている。

この相論は、山野の領有をめぐって隣り合う村同士で行われたものである。ここでも棒打ちしあい、死者が出ている。そして殺人が生じたことで、紛争の内容が転換している。本来は山野の領有をめぐるものであったのが、殺人によってそれが争点になっている。領主が呼び出されたのもそれへの報復のためであった。被害者側の領主で、土岐氏の給人(所領をもらっている家来)であった波多野氏は、加害者側の岩坪村に対し解死人を請求している。両村は相論を自力で解決できず、それればかりか領主が報復行動をとったことで、紛争が拡大している。こうしたところに、所領の村の相論に積極的に関わる領主の姿をみることができる。

このようにして、自力による解決が困難になった状況において、ここでは土岐越前守という第三者の仲介によって解決されている。彼が近所に来ていたため、それに調停を依頼したものとなっているが、彼は実は、江戸崎土岐氏の当主の土岐治英《はるひで》の叔父という、土岐氏権力の中枢に位置する有力者であったから、すでに土岐氏給人が介入するという紛争が拡大した段階にあって、彼だからこそ調停者たりえたといえる。そのように考えると、越前守がたまたま近所に来たからというよりは、膠着化《こうちゃくか》した紛争の解決のために、いずれかが積極的に調停を要請したとみたほうがいいであろう。

こうした近隣の領主の仲介によって紛争を解決するあり方を「近所の儀」といい、これも中世社会を通じてひろくみられた紛争解決のあり方であった。そして双方ともに越前守による調停を受け入れ、加害者側の岩坪村から解死人を提出するかわりに、同村から百姓が退去するという解決がとられている。ここで興味深いのは、加害者である岩坪村百姓は、同地から退去していることである。本村の安見郷に移ったのであろうが、残念ながらこのことの意味を、今は充分に説明することはできない。

†村同士の戦争から領主同士の戦争へ

これら二つの事例だけからでも、政治団体としての村の存在は、東国でも確認されるし、その存在を広く想定することができるであろう。また事例の二つとも、相論で死者が出ると、被害側の領主が相論に介入し、報復行動している。村同士の相論に領主が関わることはしばしばあったに違いない。ここではいずれも加害側が解死人を差し出したりすることで、それ以上の紛争の拡大は抑えられたが、解死人の差し出しを拒否したり、もう一方の村も領主に合力を要請したらどうなるのであろうか。もっとも典型的な事例として、紀伊国（和歌山県）の高野山領《こうやさんりょう》名手荘《なてのしょう》と粉河寺領《こかわでらりょう》丹生屋村《にうのやむら》の相論の場合にみることができる（稲葉継陽「名手荘と丹生屋村の用水相論」）。

名手荘と丹生屋村は、用水をめぐって、確認できるだけでも鎌倉時代前期から、何度となく紛争を繰り広げていた。それこそ渇水のたびに紛争が繰り広げられる、という関係にあった。応仁元年（一四六七）夏の事件もそうだった。五月八日、両村の用水をめぐる対立から、名手荘が丹生屋村を放火した。丹生屋村は周辺の同盟村と領主粉河寺に加勢を要請し、丹生屋村をはじめとした粉河荘の村々と粉河寺の軍勢は、名手荘側の野上《のがみ》村に報復放火した。

すると名手荘には、周辺の同盟村が加勢し、野上村の軍事担当だった野上九郎右衛門の城には切畑《きりはた》・野上衆が、同じく野上殿の城には江川・静川衆がそれぞれ籠城し、さらに桛《かせ》田《だ》・麻生津《おうづ》衆も付近に陣取りした。対して丹生屋村側は、領主粉河寺、猪垣《いのかけ》村・池田衆・志野村・粉河町衆・長田《ながた》衆・上田衆・松井衆・田中村・井田村・東村・荒見村・杉原村が陣取り、合戦は十二、三日も続いた。両陣営はほぼ二週間にわたって攻防を繰り広げたことになる。

それにとどまらなかった。名手荘側は戦況の打開のためであろう、領主高野山に加勢を要請し、高野山衆が下山してくることになった。これをうけて丹生屋村側は、粉河寺と同盟する根来寺に加勢を要請し、根来寺衆が出陣してきて長田村に陣取るという、きわめて緊迫した状況になった。高野山と根来寺は単なる宗教勢力というだけでなく、国内きって

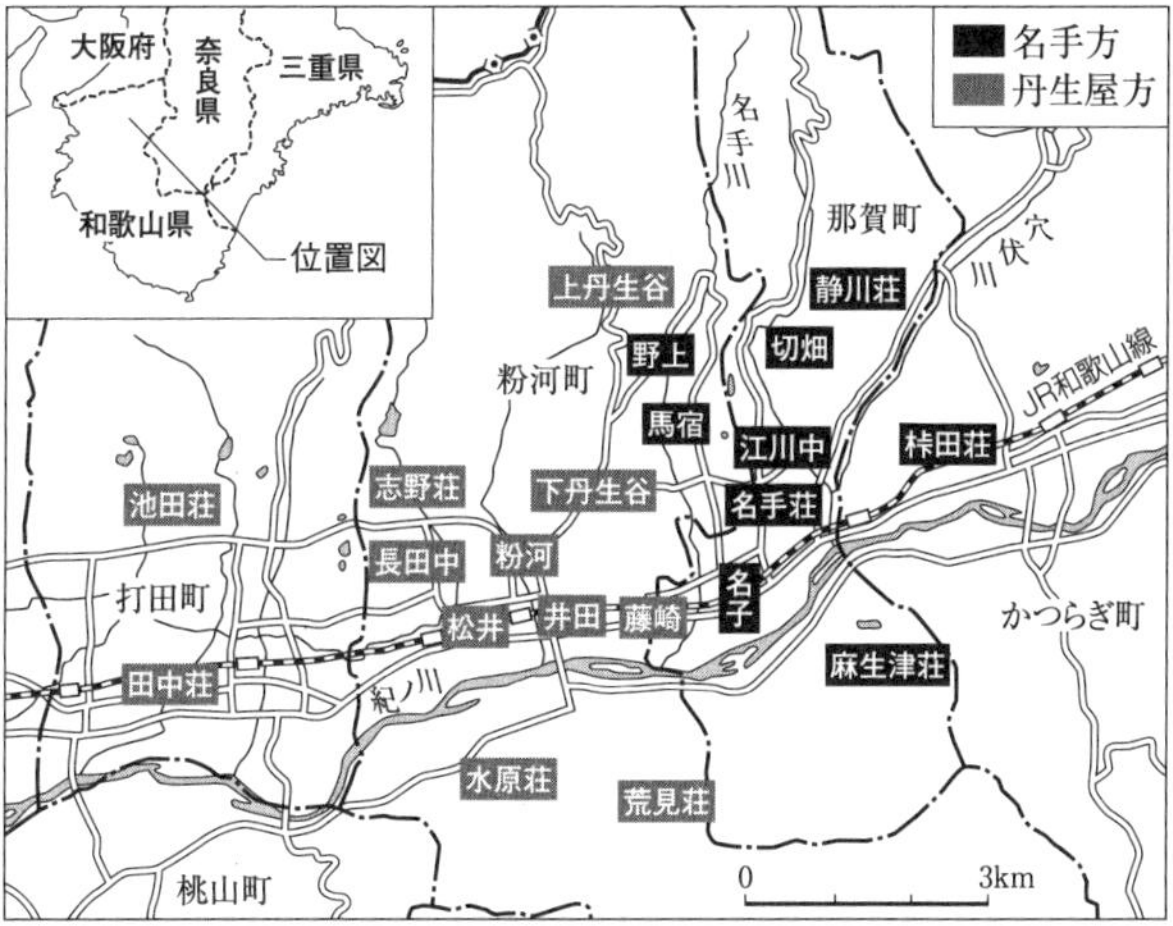

応仁元年(1467)の名手荘・丹生屋村の用水相論関連地図
(稲葉継陽「戦国から泰平の世へ」〈『村の戦争と平和』所収〉をもとに作成)

の軍事勢力でもあったから、両軍勢がそれぞれに加勢するとなると、それはもう内乱に等しい状態になる。そうしたところ五月十七日、国内の治安維持を担当する守護畠山氏の宿老で、守護代の神保氏が現場に駆けつけ、その仲裁によって、ようやく両軍の停戦が実現した。

単なる村々同士の争いから、国内を代表する勢力まで引き込んで、内乱に等しい規模にまでたちまちに拡大していくという、この紛争の広がりようには驚かざるをえない。この場合には、かろうじて守護の仲裁によって停戦が実現しているが、そうならない場合も多かったに違いない。そうした場合には、領主同士の合戦と表現されたであろう。あるいは守護が紛争の当事者に加担すれば、それは守護による追討と表現されたであろう。実際にも、長禄四年（＝寛正元年、一四六〇）五月の根来寺と粉河円満院との用水をめぐる相論では、根来寺と守護畠山氏との合戦に発展している。

このように、村同士の戦争は、村々のレベルだけにとどまらなかった。村は、そうした戦争に、しばしば自らの領主にも加勢を要請していた。領主も、支配下の村の「成り立ち」が遂げられないと、年貢などの収入がなくなるから、これに加勢した。そうすると、村同士の用益をめぐる紛争が、ひいては領主同士の戦争にまで発展することになる。にわかには信じられないかもしれないが、それが中世社会の特徴であった。

†領主を創り出す村

さらに驚かされるのは、村は次々と新しい領主を生み出していくことである。このことは菅浦村の場合によくみることができる。領主は、基本的には公家の日野家であったが、しばしば相論した大浦も、同じ日野家が領主であった。そのため大浦と相論が起き、日野家が大浦に味方した場合など、それに対抗するため比叡山や竹生島《ちくぶじま》などに支援を要請した。支援を得ると、それへの御礼として年貢を上納し続ける。そして次の相論の際に協力が得られないと、年貢の上納を停止したりしている（蔵持重裕『中世　村の歴史語り』）。

村こそ、領主を創り出す主体であったことがわかる。それこそ相論のたびに、次々と新しい領主を生み出していたから、村にとって領主は、常に複数が存在していたといっても過言ではない。さらに領主との関係自体、村が継続するかどうかを判断したから、領主支配というのも、村との関係が継続している場合にのみ、成立する関係であった。室町時代まで、荘園の領主の変遷が激しかったり、知行できていない所領が多いのは、すべてこうした事情によっていた。

しかも中世においては、領主の所領支配も自力によっていた。たとえ将軍から所領として与えられたり、承認をうけたりしたとしても、所領を維持できるかどうかは、自力によっていたのである。このことに関する事例を一つ紹介しておこう。

寛正六年（一四六五）十一月、室町幕府将軍の家宰《かさい》の立場にあった伊勢氏は、将軍から近江で所領を与えられた。現地に赴いてそれを請け取るための使者として、被官の太田五郎左衛門尉《じょう》貞興を派遣することになった。それに際して伊勢氏は、「御被官中へ合力の事、相触れ」た。近江にいる被官たちに、太田に合力するように、という命令を出した。命令文は、「上使として太田五郎左衛門尉方下向し候、早々彼《か》の手に馳せ加わり、忠節致さるべきの由」と、使者として派遣した太田の軍勢に加わり、忠節をしなさい、というものであった。そして合力の命令をうけた被官は、「勝光坊《しょうこうぼう》・行光坊《ぎょうこう》・月浄院《げつじょう》・大蓮坊・花光《けこう》侍従《じじゅう》・城光《じょうこう》坊・大光《だいこう》坊・成智岩千代・静住《じょうじゅう》坊・成就院《じょうじゅいん》侍従・一井《いちい》・建松《たてまつ》・三上入道《みかみにゅうどう》・鯰江《なまずえ》・青木弥四郎・播磨田南小法《こほう》し」の面々であった。さらに法光坊という者に対してはとくに、「其の方館において諸勢を相催し、談合を加え、早速に彼の所に発向せしめ、忠節致さるべきの由」と、自身の館でそれら合力の軍勢を調えて、すぐに太田の元に出陣し、忠節をしなさい、と命令している（「親元《ちかもと》日記」寛正六年十一月二十日条）。

これをみてもわかるように、所領を与えられたとしても、その請け取り自体、軍勢を動員して行うのであった。しかもそれは、近所の被官を総動員したものであった。これだけの軍勢を動員して所領を請け取るのであるから、それは実態としては、軍勢による進駐、占領というべきであろう。これはおそらく、それまで同所を支配していた領主を、そこから追い出さなくてはならなかったからであろう。他の支配者を追放し、村から領主として認められることで、はじめて領主支配が成立するのであった。それができなければ、そこは当然、不知行になる。

将軍から与えられた所領にして、こうした状況であった。室町時代までは、幕府などの公権力といっても、そこまで保障する権力ではなかったことがわかる。そもそもそうしたことまでは要求されてもいなかったであろう。実力行使を正当化したり、合力そのものをしたり、利害の調停を求められるような程度のものであった。こうした所領をめぐる問題への対応は、後にみる戦国大名の段階と比べると、雲泥の差がある。最大の違いは、自力による問題解決、すなわち軍事力を用いての問題解決が、社会慣行であったかどうかにあった。

中世を通じて、在地における合戦は、絶え間なく発生している。それはたいてい、領主同士の合戦としてみられている。しかしこれまでみてきた事例をもとに考えれば、領主同士の合戦とみえるものの根底には、こうした村々同士の用益をめぐる紛争があった可能性は、限りなく高い。中世という時代は、いたるところでこのような戦争が繰り広げられていた時代であった。中世が、戦争の時代であったゆえんである。

第三章

地域国家の展開

†戦国時代という時代

中世が戦争の時代で、いたるところで様々な階層を主体にした戦争が繰り広げられていた時代であったとすれば、戦国時代の特徴はどこに求められるであろうか。戦国時代こそ、列島全域で戦争が日常的に行われていた時代であったが、それまでの社会でも同じように戦争が日常的に行われていたとするならば、戦国時代はそれまでの時代とどこが違うのであろうか、と思われるかもしれない。

戦国時代という呼び名は、日本史のなかの時代名の一つとして用いられている。ただ他の時代名と大きく異なっているのは、他のほとんどが、日本国を支配した政権の所在地名を時代名としているのに対し、戦国時代は、そうではないことである。戦国時代とされている時代についても、そうした政治史区分で表現されることもある。その場合、室町幕府が最終的に滅亡した天正元年（一五七三）までは室町時代で、それ以降は安土・桃山時代（織田・豊臣政権期）とされている。

しかしその一方で、それとは並列して、戦国時代という時代名が用いられているのは、室町時代とか安土・桃山時代とかいっても、それは日本国の一部に当てはまるにすぎない、という現実があるからであろう。日本国という政治的枠組みは存続していても、それが事実上、機能していなかったから、戦国乱世などといわれるのである。まさに統一政権不在の時代として、戦国時代という時代名が、時代を表現する呼称として最も相応《ふさわ》しいからであろう。

とはいっても、戦国時代という時代名は、日本史という枠組みのなかでの、さらに政治史区分によったものであることには変わりない。ただ、今述べたような時代状況を表現するものでもあるため、それほど何時から何時までか、という厳密な線引きをする必要もないと思う。それこそ地域によって、地域の政治状況にしたがって線引きすればいいが、ここでは、おおまかに十五世紀後半から十六世紀末までと括っておく。具体的な政治過程からいえば、関東での享徳《きようとく》の乱（一四五五〜八二）、京都での応仁・文明の乱（一四六七〜七七）が展開してから、羽柴（豊臣）秀吉によって列島統一（天下一統）が遂げられた天正十八年（一五九〇）までとしておこう。

享徳の乱と応仁の乱の展開以降、諸国の大名らは、戦争の恒常化によって、自身の本拠に在住し続ける。それまでは彼らは、室町幕府と、その分身的存在として関東支配を担当した鎌倉府に、出仕しているのが通常であった。室町時代にも大規模な戦乱が繰り返し起こっていたが、乱後は、彼らは京都や鎌倉で生活するのである。それが室町時代を、成り立たせていた政治秩序であった。それが戦乱の恒常化で、実現されなくなった。その契機になったのが、関東では享徳の乱、それ以西では応仁の乱であった。

羽柴秀吉の天下一統は、文字通り日本国を再統一したものであったが、秀吉によって創られた日本国は、同じ国名ではあるが、それまでの日本国とは性格が全く違うものになった。室町時代との違いを象徴的に表現すれば、秀吉以外に戦争の主体が存在しなくなる、ということであり、それは同時に日本国で戦場を封鎖するものであった。具体的な中身とその意味については、エピローグで述べる。もちろん、実際問題として村の戦争主体としての性格が全くなくなったわけではない。それが実現するには、さらに五十年以上が必要であったが、少なくとも、際限のない、領主同士の戦争がなくなったこと、特に村同士の戦争が領主同士の戦争へと展開していくことが、基本的になくなったことは、何よりも時代を画する事態であった。

†戦国大名・国衆という地域国家

秀吉の天下一統というのは、諸国の戦国大名・国衆という地域権力を統合することで遂げられたものであった。統合は、それら戦国大名・国衆が秀吉に服属するということであった。それによって国内で戦場が封鎖された。ということは、裏をかえせば、その直前の状態は、戦争はほぼ戦国大名・国衆の単位で行われていたことを意味している。実際、戦国時代の戦争は、だいたいにおいて、それら地域権力を単位にして行われていた、といってよいであろう。

そして戦国大名・国衆という地域権力は、一定の領域を支配する権力として存在していた。そのためこのような地域権力を、領域権力と呼んでいる。支配がおよぶ地域が面的に展開していた。それは当時、「国」と称されていた。そのため戦国大名・国衆の支配領域を、領国と呼んでいる。領国は、線引きできるような、いわゆる国境で囲われた面として存在していた。

その領国においては、戦国大名・国衆が最高支配権者であり、他者の支配権は及ばない、排他的・一円的なものであった。それまで日本国の国王として存在していた、天皇や室町幕府将軍などの支配も、領国には及ばなかった。そこに戦国時代が、室町幕府が存在していたとしても、室町時代とは本質的に異なる、時代の特徴をみることができる。さらに政治権力が領域的に存在する、ということも、それまでの列島社会の歴史にはなかった。排他的・一円的な支配と、領域性は一体のものであった。

ここまで戦国大名と国衆を並列して扱っている。ともに一定領域を独自に支配する領域権力ということで共通しているからである。その構造も、具体的にはこれから順に述べていくが、村を基盤に成り立った権力で、領国を形成し、家来組織は家中《かちゅう》といい、一元的な成敗権を主家である戦国大名・国衆に付託していたなど、その仕組みは同じであった。そのため戦国大名と国衆とを、権力の構造という側面から明確に区別することは難しい。

もっとも戦国大名と国衆とは、社会的には対等の存在ではなかった。たいてい、国衆は戦国大名に従属する関係にあったが、その領国の支配に、戦国大名が関与することはほとんどなかった。国衆の領国における支配は、あくまでも国衆が独自に行っていた。そうした戦国大名と国衆との関係は、上下関係にある同盟関係のようなものであった。現代に照らせば、アメリカと日本の関係のようなものを思い浮かべればよいであろう。

ちなみに戦国大名というのも、当時の用語ではなく、あくまでも学問上の用語である。当時「大名」といった場合、だいたい「国主」クラスを指しているから、およそ一国規模を領国にしているような存在をあてていいであろう。ここではさらに、戦国大名と国衆との上下関係をはっきりさせておきたいので、唯一の命令主体となっているものを戦国大名、それに従う存在を国衆として、区別しておきたい。そうすると、戦国大名というのは、自らが直接に領域支配する本国に加え、独自の領国を形成する国衆を従えた存在、ということになる。

†「自分の力量」による領国支配

戦国大名の領国は、「国家」と称された。領国とそれを主導する大名家が一体のものであり、それによって生じた用語である。国家という用語は、それまでもあったが、そこでは日本国を指して用いられてきた。しかし戦国大名の国家は、日本国という国家と同時的に用いられていた。そのことはすなわち、日本国という国家と、戦国大名の国家とは、異なる性格の国家であった、ということであった。戦国大名の国家の性格については、第六章で述べることにしたいが、あらかじめ結論的なことを述べておけば、現代の国民国家が持つ、人々が帰属する政治共同体であるという性質の系譜を考えた場合、その前身にあたるのは、日本国という国家ではなく、戦国大名の国家であった。

戦国大名の領国は、実質的にも、さらに名目的にも、一個の自立した国家として存在していた。これを日本国の国家と対比し、区別するため、地域国家と位置付けられている。戦国大名の領国に限らず、国衆の領国も、本質的にはそれと同様とみていいから、そうすると戦国時代というのは、列島各地にそうした地域国家が乱立して存在していた時代、ということになる。

こうした地域国家としての性格が、最も端的に表現されているのが、「今川仮名目録追加」第二十条である。「今川仮名目録」とは、駿河の戦国大名の今川氏が、領国支配における基本法典として制定した分国法である。「追加」は、今川義元の代になって、新たに

追加規定されたものになる。そこには、
旧規より守護使不入《ふにゅう》と云う事は、将軍家天下一同御下知《ごげち》をもって、諸国守護職を仰せ付けらるる時の事なり、守護使不入とありとて、御下知に背くべけんや、只今はをしなべて、自分の力量をもって、国の法度を申し付け、静謐《せいひつ》する事なれば、守護の手入間敷事、かつてあるべからず、
〔昔、守護使不入というのは、室町幕府将軍が天下を支配し、諸国に守護職を任命していた時代でのことである。守護使不入であったからといって、今川氏の命令に背いてはいけない。現在はすべてについて、自分の力量で、領国に法度を言い付け、平和を維持しているので、守護（今川氏）が干渉ができないような事柄などは、そもそもありようがない〕
とある。守護使不入というのは、室町時代、守護の使者が入部するのを拒否できる特権で、それは将軍から与えられた。守護は、あくまでも将軍から任命される、地方行政・軍政官にすぎなかった。守護の管轄地域は、決して守護の所領であったわけではなく、そこには将軍に直属する多数の人々の所領があった。そうしたなかで、守護使不入の特権を与えられていたのである。しかしそれはともに、将軍に従っているから成立しえた関係であった。

ところが戦国時代は、戦国大名が、あくまでも「自分の力量」で、領国を支配し、維持しているのだから、その命令に従わない場所など、そもそも存在しないのだ、ということが明言されている。ここに戦国大名の支配が、あくまでも自力によるものであることが、当の戦国大名自身の発言から知ることができる。そして自力で存在しているからこそ、室町時代に大名でなかったものが大名になったり、あるいは滅亡してしまったりという、興亡がみられたのである。

†領国を構成する「領」

戦国大名・国衆の領国は、それ自体、「国家」あるいは「惣国」などと称され、一つのまとまりを持っていたが、その内部をみてみると、決して一元的なものであったわけではなく、たいていは地域分権的な構造をとっていた。その基本の単位になっていたのが、「領」や「郡」などと呼ばれた領域であった。したがって戦国大名・国衆の領国は、複数の「領」からなる複合的なものであり、それを統合したものであった。それぞれの「領」は、それ自体が一定領域を持つ、軍事・行政単位であった。それはある城を中核にして存在していた。城は、いうまでもなく軍事拠点としての性格を本質にしていたが、それが「領」の行政支配における拠点としての性格、すなわち政庁としての性格を合わせ持つようになった。したがって「領」とは、城と領域が一体として存在していたもので、軍事拠点としての城が、行政を担当する範囲、と言い換えることができる。そしてこうした地域の在り方は、戦国時代になって生まれたものであった。

例えば小田原北条氏の場合をみてみよう。領国の本拠は、相模西郡の小田原城である。これを本城ともいう。それに対して、各地に地域支配を分担する、城郭《じょうかく》がいくつも存在していた。こうした城を、支城と呼んでいる。本庁に対する支庁、本店に対する支店のようなものである。その支城には、伊豆に韮山《にらやま》城(静岡県伊豆の国市)、相模に玉縄《たまなわ》城(神奈川県鎌倉市)、三崎城(同三浦市)、津久井城(同津久井町)、武蔵に小机《こづくえ》城(同横浜市)、江戸城(東京都千代田区)、河越城(埼玉県川越市)、八王子城(東京都八王子市)、鉢形《はちがた》城(埼玉県寄居町)、岩付城(同さいたま市)、などがあった。

このうち伊豆から武蔵南部の小机・江戸・河越までは、北条氏の当主が直接に支配に関与する領域で、そのためこれらを本城領国、あるいは本国と呼んでいる。北条氏の領国として、最も基本になるものであった。そのなかで、韮山城は伊豆を、玉縄城は相模東郡と武蔵久良岐《くらき》郡を、三崎城は相模三浦郡を、津久井城は相模奥三保《おくさんぼう》(津久井地域)を、小机城は武蔵橘樹《たちばな》郡・都筑《つづき》郡を、江戸城は武蔵豊島郡・荏原《えばら》郡から新座《にいざ》郡・多東《たとう》郡の一部、下総葛西《かさい》地域などを、河越城は武蔵入東《にっとう》郡・入西《にっさい》郡・高麗《こま》郡・新座郡などを、それぞれ管轄していた。管轄する郡が複数に及んでいる場合、その領域は玉縄領・小机領、あるいは単に江戸・河越などと、拠点の城名を冠して称されている。ちなみに相模には、その他、西郡と中郡があったが、これは本城の小田原城の管轄になっている。

本城領国の外側には、北条氏の一門が独自に支配する領域が展開していた。八王子城を拠点にした八王子領、鉢形城を拠点にした鉢形領、岩付城を拠点にした岩付領などである。これらの領域に対して、北条氏当主による関与はほとんどみられなかった。そのためこれらの領域は、北条氏の領国のなかにあって、極めて自立的に存在していた。さらにその外側には、上田氏の松山領、成田氏の忍《おし》領、深谷上杉氏の深谷領などの国衆の領国があった。

しかも八王子領以下は、その前身は、いずれも国衆の領国であった。八王子領は、大石氏の由井《ゆい》領と三田氏の勝沼領からなり、鉢形領は、藤田氏の天神山《てんじんやま》領や平沢氏の御嶽《みたけ》領からなり、岩付領は岩付太田氏の領国がもとになっていた。本城領国のなかでも、小田原城自体、相模西郡を領国にしていた大森氏の本拠であったし、三浦郡は三浦氏、津久井領は内藤氏の領国をそれぞれ継承したものであった。

このように「領」は、実は国衆の領国と近しい関係にあった。国衆が滅亡して、その領国が「領」に移行したり、あるいは逆に、戦国大名が滅亡したり、そこから離叛したりして、「領」の支配者が国衆になって、「領」がその領国になることも、しばしばであった。

また国衆のなかにも、他の国衆を滅ぼして、その領国を、自らの領国に加えるものもいた。戦国大名も、実際にはそのような過程を経て、大規模な領国を形成していった。北条氏も、最初の領国は、堀越《ほりごえ》公方足利氏から経略した伊豆に始まり、それに大森氏の相模西郡、三浦氏の三浦郡、そして扇谷上杉氏の領国を、順次、経略していくことで、相模・伊豆・武蔵南部にわたる本城領国が形成された。

†「領」の中核となる城

戦国大名・国衆の領国の基本は、こうした「領」にあった。「領」そのもの、あるいはそれがいくつか合わさって、領国が形成されていた。したがって、この城と領域が一体化した「領」こそ、戦国時代を特徴付ける地域の在り方であった。それでは「領」は、どのような過程から形成されたのであろうか。

主要な要因として、私は二つがあげられると考えている。それは村と城である。そしてこの二つは、密接に関係していた。「領」が領域的なのは、村を基盤にしていたからであった。村自体が、領域を形成していたことによる。領域的な村の集合体であったため、「領」は領域的になるのである。それではその集合は何によってもたらされたかというと、城との繋がりであった。具体的には、城を構築、修築する普請《ふしん》役という労働力負担であっ

初期の北条氏の支配領域

た。

この頃の城は、土と木で出来ていたから、風雨によってすぐに損傷してしまう。そのため日常的なメンテナンスが必要だった。それを在城衆などの家臣だけで行うことはできなかったから、領内の村々にも負担させた。そうした城普請に、領民が動員されることは、源平合戦と称される治承《じしょう》・寿永《じゅえい》の内乱の頃からもみられたことだったが、戦国時代がそれまでの時代と大きく異なっているのは、城が恒常的に存在したことである。したがってそのための負担も、恒常的に存在するようになった。

それまでにも軍事拠点としての城は存在した。しかしそれらは、戦争になって構築され、戦争の間だけ使用されたもので、戦争が終結すると廃棄された。平時には必要ない施設であったからである。戦国時代以前にも、十四世紀後半に南北朝内乱という長期の戦乱があったが、それでも六〇年であり、しかも地域ごとにみれば、戦乱はそれほどの長さにはならなかった。しかし戦国時代は、戦争が日常化していた時代であった。それは一五〇年の長きに及んだものであった。きっかけになった享徳の乱や応仁の乱そのものは、一〇年から三〇年ほどであったが、それらが終結した後も、戦争自体は止まなかったのである。

そのため、各地の領主は本拠を城郭化し、それを拠点にして所領の維持を図り、同時にその支配を行った。むしろ軍事拠点を本拠にした、というべきかもしれない。領主が城で政務をとるから、城が政庁としての役割を兼ね備えるようになった。もちろん戦争のなかでは、戦場地域には多数の城が築かれたが、実際の戦争が終われば、そうした城のほとんどは廃棄された。人的・金銭的にもすべての城を維持できないからである。しかし政庁化した城は、領域の軍事拠点として、また支配拠点として存続した。それが領国の本拠であったり、先にみた支城にあたる。

城というと、江戸時代のそれを思い浮かべがちである。そのため城は恒常的に存在していたと思いがちになる。しかしそれは、戦国時代を経て、しかも政庁としての性格を持ったものの継承にすぎない。むしろ戦争がなくなった江戸時代では、城といえば政庁を指ししているといってよく、軍事拠点としての性格は薄れ、政庁としての性格に特化したものになっている。

戦国大名・国衆の本拠は、言ってみれば地域国家の首都にあたる。そのため軍事拠点というだけでなく、地域における政治・経済・文化の中心という性格を帯びた。そしてそれらの多くは、江戸時代になっても大名の本拠として継承され、さらに現在の地域都市に続いている。現在の地域における政治的中心地は、実は戦国大名・国衆の本拠を由来にしているものが少なくない。例えば国衆が割拠していた群馬県が特にわかりやすく、前橋（厩《まや》橋《ばし》）・高崎（赤坂）・伊勢崎・太田（金山《かなやま》）・館林・大泉（小泉《こいずみ》）・桐生・沼田などは、すべて国衆の本拠であった。現在につながるような、地域の中心地が形成されたのが、まさに戦国時代だった。こうしたところにも戦国時代の特徴をみることができる。

この城の普請役を負担する村々の範囲が、実はその城を中心にした領域にあたっていた。戦国大名の領国を構成した各「領」や、国衆の領国というのは、そうした拠点や本拠の城普請役を負担する村々によって形成されていたものであった。先にあげた北条氏の「領」でいうと、玉縄領が玉縄城の普請役を負担する領域、小机領が小机城の普請役を負担する領域、といった具合である。戦国大名の本国のなかでも、各地に支城として、それを中心に「領」が形成され、それ自体が一個の自立的な領域のように、一定の分権支配が行われているのは、そうした事情によっていた。

城は地域の避難所

戦国大名・国衆は、本拠や領域拠点の構築、その後の修築に際し、領内の村々に普請役を賦課した。しかもそれは当初から、自身の所領だけでなく、他者の所領にも賦課した。それらの負担を受けいれた村が、支配下の村になり、その範囲が勢力圏、すなわち領国であった。ちなみに他者の所領に賦課した場合、その領主との間でトラブルが生じることもあったが、そうした領主は、戦国大名・国衆に従うことで存続できたから、そうした負担を受け容れざるをえなかった。そして結局のところ、その家中になっていく。家中の形成については、後に取り上げる。

北条氏の場合、そうした普請役を大普請役と称していた。初代の伊勢宗瑞が伊豆に侵攻した直後にあたる明応六年（一四九七）には存在していた。そこで普請役の対象になったのは、伊豆での本拠になる韮山城であったろう。しかもすでに、毎年の恒常役として制度化されていた。村々からの負担は、決して無制限であったわけではなかった。具体的な定数がわかるようになるのは、永禄年間（一五五八〜七〇）になってからだが、その頃には一人につき年十日と規定されていた。そして人数は、村の役高（負担算出基準）に基づき、おおよそ村高二〇貫文につき一人の割合であったようである。

それではこうした城の維持・管理についての村々の負担は、村にとってはどのような意味があったのであろうか。村々にとっては、単なる負担、労働力の搾取にすぎなかったのであろうか。決してそうとは言い切れない。城は、村々の避難所としても機能したからである。敵軍が来攻してきたとき、村人は領域の城に避難した。敵方軍勢による、情け容赦のない掠奪から逃れるためである。村人は、家財道具を抱えて城に逃げ込んだ。

後のことだが、北条氏が羽柴秀吉に攻められた、天正十八年（一五九〇）の小田原合戦の際、本拠の小田原城には六万が籠城したといわれる。そのうち正規軍は二、三万であっ

明治維新ごろの小田原城銅御門（絵葉書、横浜開港資料館蔵）

たというから、それを上回る三、四万は民衆であった。そうした民衆は、中城《なかじょう》や外城《とじょう》と称される曲輪に避難した。さすがに本城《ほんじょう》（本丸）は、正規軍の持ち場であったが、その他の曲輪はいざという時の避難所であった（藤木久志『新版　雑兵たちの戦場』）。

それまでは荘園の政所《まんどころ》に代表される領主の支配施設や居館、あるいは寺社などが避難所になっていた。戦国時代でもそれらは民衆の避難所として機能した。しかし領域拠点は広大であったから、避難できる人数も多かった。そのため領域の城は、人々にとって主要な避難所になっていた。それはあたかも、現代の災害時における役所のようなものであろう。

さらに永禄年間になると、大普請役とは別に、新たな城の維持の仕組みがみられるようになる。それは「末代請切普請」といわれるものである。文字通り、村ごとに、永遠に普請担当が割り当てられたものであった。永禄六年（一五六三）の玉縄領の田名郷《たな》（相模原市）の場合では、玉縄城の城塀の修築が割り当てられている。同郷の役高は八〇貫文で、それに対し中城の塀五間が割り当てられ、それを五年ごとに行うように命じられている。人手間については、一間につき四人とされ、五間では二〇人となる。しかしこの負担は、上乗せされるのではなく、この年の大普請役から相殺された。二〇人の負担とすれば、大普請役年間二人分にあたる。

こうした末代請切普請というものは、他に江戸城についても確認されるから、すべての支城について、このような仕組みがとられていたとみられる。いずれも塀であったから、城塀について、こうした仕組みが採られたのかもしれない。末代請切というかたちの負担は、これ以前の天文十三年（一五四四）に、鎌倉鶴岡八幡宮の宮中掃除の場合にみられていた。一カ月に三度（後に二度）の掃除が、鎌倉七郷に割り当てられている。また年二回の池の掃除が、大普請役から相殺するかたちにされている。この場合からみると、こうした村による末代請切の形態は、はじめは寺社の維持の場合にみられ、それが城にも適用されるようになったとみられる。

そういえば、末代請切普請の請け持ち部分は、確認されるものすべて中城の塀となっている。もし中城に限定されたものであったとすれば、村々は自らの避難所の保守を行っていたことになる。その費用は戦国大名持ちであったから、戦国大名は、村々の避難所を維持する役割を担っていた、ということになる。さらにこのことは、戦国大名は、領民の生命と財産を保護する責任を負っていたことを示していよう。

†家中という家来組織

戦国大名・国衆の地域国家の構造において、領・領国と並ぶ大きな特質に、家中《かちゅう》と呼ばれた家来組織の形成がある。家中とはすなわち家臣であり、戦国大名・国衆から所領を与えられ、軍役などの奉公をする領主である。家中という言葉を耳にするとすれば、江戸時代を題材にした時代劇があろう。他の藩士に対し、「どこの御家中か」などと、その所属を問う場面をしばしば目にするが、その家中である。この家中という集団は、戦国時代になって生み出されたものであり、それは戦国大名・国衆の成立と表裏の関係にあった。戦国大名・国衆という地域国家は、家中という家来組織の存在と一体であった。

戦国大名以前の守護大名や国人にも、家来はいた。それらの集団は被官中などと呼ばれている。室町時代までの被官の在り方と、戦国時代以降の家中の在り方の、最も大きな違いは、室町時代までの被官は、主人を複数持つことができたのに対し、戦国時代以降の家中は、戦国大名や国衆など、主人は一人だけであったことである。主人を複数持つ、というのは、例えば将軍の御家人である一方で、守護から所領を与えられていたり、荘園領主から代官に任じられていたり、といったような状態にあった。

複数の主人がいた、というのは、複数から保護をうけていた、ということである。それは逆にいえば、一人の主人だけでは、進退を維持できなかったため、複数の主人が必要であった、ということである。いわば複数の収入源を確保したり、保険に入ったりするようなものであろう。一人の主人では、被官の進退すべてを保障できなかった。そのため主従関係も、自ずから絶対的なものではなかった。保護を与える部分は限定された側面でしかなく、したがってそれへの対価としての奉公も、限定的なものであった。

それに対して、戦国大名以降の家中は、主人との関係は極めて強固なものであった。主人は、戦国大名・国衆の一人のみで、所領もそれから与えられたり、認められたもののみが、所領として存在することができた。だからその存立は、決定的に主人に依存していた。主人は、家として存在していたから、それはたいてい、主家と称されている。ここでも主家の用語を用いることにする。

このように、戦国大名・国衆を唯一の主家とする領主の集団が、家中であった。難しい言い方をしておくと、一元的な主従制と知行制によって形成されている組織、ということになる。主人と家中の関係がそれ一本しかなく、そのため所領もその関係からのみ存在した、ということを表現したものである。そのため主家は、家中に対して、強固な成敗権を持ち、いわば生殺与奪の権を完全に掌握した、絶対的な存在であった。逆に家中は、主家に対し、絶対的な忠誠を誓うものとなった。

こういうと江戸時代における武士道のようなものを思い浮かべてしまうかもしれないが、あくまでも両者の主従関係は、ギブ・アンド・テイクの双務契約関係であった。すなわちそれは、主家が家中に対し、存立の保障をしている限りでのことであった。そのため充分な保護を受けられなければ、家中の構成者は容易に主家を見限った。とくに一門・宿老など有能なものは、他の戦国大名などから引く手数多の状態で、再就職先には事欠かなかった。「葉隠」に代表される、滅私奉公のような武士道が生まれるのは、社会が平和になり、さらに大名の改易《かいえき》が少なくなって、再就職が難しくなった状況からであった。今の就職先を何としてでも確保し、子孫に伝えるために生み出されたものであった。

†家中形成の論理

それでは戦国大名・国衆の家中の形成は、どのような要因によるものであろうか。そのことが最も端的に示されているのが、天文十九年（一五五〇）七月に、安芸《あき》毛利《もうり》氏の家中すべてが、主家の毛利元就《もとなり》に提出した連判起請文である（「毛利文書」）。連判者は、宿老筆頭の福原貞俊以下二三八名に及んでいる。これは、だいたいこの時の家中構成者全員とみられている。

起請文は、家中が全員一致して、元就に誓約したかたちになっている。全体は十八箇条にもわたる長文のものである。提出のきっかけになったのは、元就が宿老の一人井上元兼を誅伐《ちゅうばつ》したことによる。元就は、家中にそのことの承認を求め、それに応えて家中が一致団結するかたちで、元就への忠節をあらためて誓約するために提出された。いわば家中が分裂しかねないような危機に、あらためて家中としてのまとまりを確認するためのものであった。そのためその内容に、家中という集団が存立する本質が示されている。

最初の一条目は、元就による井上誅伐を支持したものである。二条目は、家中に対する元就の成敗権をあらためて確認したものである。そして三条目から七条目までは、家中同士の自力による紛争解決を自制し、問題解決はすべて元就の裁断を仰ぐものとなっている。自制の具体的な内容は、家中同士で紛争が生じた際、合力は、元就の命令のみにより、それについて親類・縁者・懇意の者などは不服を言わない、武装したまま駆けつけない、紛争が生じた場合は、元就に連絡し、指示があるまでは「堪忍《かんにん》」し、すべては元就の裁断に委ねる、というものである。

すなわち、家中同士で紛争が生じても、すぐに報復などせず（「堪忍」）、元就に連絡してその裁断を仰ぐ、親類・縁者などはそれに合力しない、武装したまま紛争の現場に駆けつけない、というもので、自力による「相当」を抑制し、さらに「兵具」「合力」を封印する、というものである。ここに、家中とは、構成員同士の自力抗争、すなわち私戦を全面的に禁止することで成り立っていたことがわかる（勝俣鎮夫《かつまたしずお》『戦国法成立史論』）。家中の形成がみられたのは、戦国時代になってからのことであったから、それは直接には、戦争の恒常化により、戦争での勝利のため、何よりも味方同士の戦争を抑止しなければならなかったことによろう。そしてそれは、家中同士の「喧嘩」（私戦）での、「相当」「兵具」「合力」という、中世の戦争のキーワードの禁止によって実現された。

同時に、それらの紛争は、すべて主家の裁定によって解決が図られた。紛争の裁定権は主家の専管であった。これを家中の側からみれば、互いの戦争を回避するため、裁定権を主家に委ねた、と理解することができる。これはまさに、村の形成の場合と同じく、「第三項排除の論理」で理解することができる。主家という「第三項」を介することで、家中同士は、互いの二項対立状況を克服し、一致団結する組織を形成したのである。家中同士での「喧嘩」の規制は、江戸時代の家中でも最重要事項であった。家中が、何よりも構成員間での戦争の抑止によって成り立つ組織であることがわかる。

†家中同士の紛争の背景

そして八条目から十三条目までは、家中同士の紛争の原因になっていた事柄と、それへの主家による対応規定が記されている。この部分は、興味深いものなので、史料を掲げておこう。

一、人沙汰の事、男女共に、

〔人返しについて、男女ともに〕

一、牛馬の儀、作をくい候共、返し申すべく候、但し三度共はなし候てくい候ば、其の午（牛）馬これを取るべきの事、

〔牛馬について、人の牛馬が自分の作物を食べてしまっても、持ち主の元へ返す、但し三度放して自分の作物を食べたならば、その牛馬は捕獲してもよい〕

一、山の事、往古より入り候山をば、其の分に御いれあるべき事、

〔山について、昔から入会《いりあい》の山は、その通りに入り会う〕

一、河は流れより次第の事、

〔川は流路を基準にする〕

一、鹿は、里落はたおれ次第、射候鹿は、追い越し候者これを取るべきの事、

〔鹿は里に落ちてきたものは倒れた場所の取り分にする、射られた鹿は、それを追い越した者の取り分にする〕

一、井手溝道は上様の也、
〔用水施設については毛利元就の判断による〕

一見してわかるように、ここにみえている問題は、まさに村同士の相論になるようなものにあたっている。家中同士の紛争の基底には、所領となっている村同士の戦争があった（長谷川裕子「戦国期地域権力の家中形成とその背景」）。そして毛利氏の場合におけるような、戦国大名・家中間の協約は、家中同士の紛争の基底にある村落間紛争を、主家が裁定するにあたり、その判断基準を明文化し、互いに協定化したものであった。そのためその内容には、戦国大名と家中の双方が拘束された。

これと同様のものに、戦国大名・国衆が自己の領国のみに通用する法典として制定した、分国法がある。内容の基本は、家中統制の法であったが、そのなかに実は、村落間紛争に関する内容が多く取り上げられている。そこでの裁定基準は、いずれも従来からの慣例に基づくものにすぎないから、それらは社会規範を法制化したものであった。分国法も、奥羽伊達氏の「塵芥集《じんかいしゅう》」、下総結城氏の「結城氏新法度」、近江六角氏の「六角氏式目」に典型的にみられるように、戦国大名・家中間協約の形式をとっていたから、この毛利氏における家中の連判起請文のようなものの延長に位置付けることができる。紛争裁定が領国支配と一体のものとなるため、その内容がそのまま分国法の内容を構成したのである。

†家中形成の歴史的意味

家中とは、しばしば所領の村同士の紛争から、領主同士の戦争が展開していたなか、家中構成員となる個々の領主が、自力解決を自己規制し、第三項となる主家を創り出して、それにすべての判断を委ねることで形成され、存立するものであった。これは、個別領主層における自力救済の放棄といっていいであろう。

現在のところ、こうしたことが最も早く確認されるのは、明応四年（一四九五）の周防《すおう》大内氏の事例である。大内氏の法令集にあたる「大内氏掟書」のなかに、「喧嘩御定法の事」、すなわち家中同士の紛争に関する決めごと、と題された法令がある。当初、家中同士の紛争が生じた際、大内氏にとって問題が生じない限りでは、当事者同士の解決にまかせていたが、他者が合力したり、勝手に主家から離れたりするなどの問題が生じるようになったため、今後は、家中同士での紛争は、耳に入り次第、大内氏が裁定することにする。だからその裁定に従うべきである。だから今後は、「親子・兄弟・従類・一家・縁者」による合力を禁止し、すべて裁定に従うべきだ、としている。合力をともなう、自力解決を禁止し、代わりに主家の裁判によって解決する、というのである。

続いて文亀《ぶんき》元年（一五〇一）閏《うるう》六月の、幕府管領細川政元の定書のなかの一箇条に、同様の内容の条文がある（「東京大学法学部法制史資料室所蔵文書」）。そこでは、他家の者であろうが、家中同士であろうが、たとえ紛争から親を討たれたとしても、勝手に自力で報復したならば、家中から追放する。殺害の損害をうけたとしても、まずは使者を派遣して、解死人を請求し（「大法の成敗」「大法の沙汰」）、相手が拒否したら、細川氏から解死人提出を命令する。それにも応じなければ、家中から追放する。そのため合力をした者についでは、攻め手側は同罪にする。他家との紛争で、家中の者が合力の攻め手として戦死したとしても、それへの報復を細川氏としては行わない、としている。ここでも紛争における合力の禁止がうたわれている。違犯すれば、家中から追放されることもわかる。

最後に、「六角氏式目」十二条をあげておこう。

喧嘩・闘諍《とうじょう》・打擲《ちょうちゃく》・刃傷《にんじょう》・殺害の事、たとい父を討ち、子を討つといえども、謹んで堪忍せしめ、注進致すべし、其の科に随い、早速御成敗を加えらるべし、然れども其の儀に能《あた》わず、或いは相当せしめ、或いは兵具を帯びて寄せ懸け、御法に背く族においては、却って其の身曲事たるべし、同じく合力停止せらるる事、違背の族においては、合力の働らきの深浅に随い、相計らるべき事、

〔喧嘩などについて、たとえ父や子を討たれたとしても、堪忍して六角氏に連絡しなさい、その罪に応じて六角氏が成敗する、それを守らず、相当し、武装して加わった

りしたら、その者も処罰する、合力も禁止する、違犯した者は合力の度合いに応じて、処罰する」

ここには、家中においては、中世の戦争のキーワードともいうべき、「相当」「兵具」「合力」すべてが禁止の対象になっていたことが、はっきりと記されている。

そしてこのような動向は、やがて家中同士の私戦そのものを禁止し、それが生じた場合、そのことをもって両者を制裁の対象にした喧嘩両成敗法の制定へと展開していく。この喧嘩両成敗法こそ、主家の絶対的な成敗権を示すものとして著名であるが、それはこのような論理によるものであった。

このように家中とは、中世を通じて存在していた、村同士の紛争が領主同士の紛争へと展開していく構図そのものを、規制する組織として創り出された。こうして戦国時代になると、戦争の恒常化の一方で、家中を単位に、領主同士の戦争は抑止された。それは同時に、村同士の戦争が領主同士の戦争に展開する回路が切断されたことを意味した。

こうすることで、戦国大名・国衆の領国内では、領主同士の戦争は抑止され、領国レベルで平和が確保された。このことはまた、戦国時代においては、戦国大名・国衆の領域権力の領国が、平和領域の単位になったことを示している。そしてその平和は、家中における「相当」「兵具」「合力」の禁止によって形成、維持された。それはまさしく、中世の戦争の在り方の否定といえるであろう。戦国大名・国衆という地域国家の成立、その展開は、中世の戦争の在り方の否定によって創り出されたものであった。

第四章

大名と村が向き合う

†戦国大名の心構え

戦国大名と民衆とは、すなわち戦国大名と村とは、どのような関係にあったのであろうか。あらためて踏まえておくべきは、民衆は個々に存在していたのではなく、村という政治団体に帰属して存在していたこと、したがって個別に大名や領主と奉公関係を結んでいる場合を除き、村人という立場においては、すべて村を通じてのみ、大名や領主と関係したにすぎなかった、ということである。そのため戦国大名の領民支配というものの実態は、村々に対する支配であった。決して個々の村人を支配していたのではなかった。戦国大名と村とが、対峙する関係にあった。

このことを考えていくにあたり、戦国大名の本質を的確に表現しているものとして、まず羽柴（豊臣）秀吉の発言を紹介しておきたい。

時は文禄二年（一五九三）、すでに秀吉は列島統一を果たし、天下人の地位にあったが、荒廃していた尾張国の復興策を示しているなかでのものである。当時、尾張国の大名は、後継者の秀次《ひでつぐ》であったが、秀吉は、同国の復興に直接あたることにし、その期間を三年間として、その間においては、秀次とその家臣による支配を停止して、奉行衆による直接支配をとることにした。そしてそこでは、秀次家臣の軍役を半役にし、村が負担する夫役《ぶやく》

（労働力負担）を免除することとし、これを「給人（家臣）も百姓（村）も成りたち候様《よう》」にするものと、表現している（「堀田虎次氏所蔵文書」）。

ここに、戦国大名（その後の豊臣大名・近世大名も含めて）とは、権力構成員である家中（領主・給人）と、支配の基盤である村とが、ともに「成り立つ」ことによって、はじめて存立することができたことがわかる。どちらかが抑圧されてしまうような状態では、大名という権力は、存在することができなかったのである。だから大名は、家臣も、村も、両方が存続できるような対応をとらなければならなかった。したがって大名の政策の前提には、こうした「給人も百姓も成り立ち候様」という事態があった、とみることができる。

もう一つ、戦国大名による、村との関係についての発言を紹介しておこう。北条氏の二代目当主の氏綱が、天文十年（一五四二）五月二十一日に、嫡子で三代目当主になる氏康に、大名家当主の心得を伝えた五箇条の書き置きのなかの一節である（「宇留島常造氏所蔵文書」）。この頃、領国は大飢饉であった。その深刻さは、隣国の甲斐では、一〇〇年のうちにも無かったことだ、といわれる程のものであった。プロローグで取り上げた武田信玄のクーデターは、その一カ月後のことであった。そしてその夏（四月から六月）から、氏綱は重態におちいり、そのまま七月に死去してしまう。五箇条の書き置きは、大飢饉のなか、快復の見込みのないことを悟った氏綱が、氏康に贈った遺言状のようなものとみられる。

そのなかで、次のようにいう。家中が華美にならないようにしないといけない。華美にしようとすると、百姓に無理な税金をかけたり、町人から商売の利益を取り上げることになる。借金も嵩《かさ》み、そうすると財政は困窮し、百姓・町人を潰すことになる。家中に潰された百姓は、家を明け、田畠を捨てて、他国に逃亡したり、村に留まった百姓も、何事につけて家中に仕返しをしようと謀《はか》る。そうなると、大名の勢威は弱くなってしまう。

またはこうも言っている。何につけても倹約しなさい、華麗にするというのは、百姓から貪ることでしかない。倹約を心がければ、百姓を痛めることなく、家中から村まで豊かになる。領国が豊かであれば、大名の勢威も強くなり、戦争での勝利も疑いない。

ともに、村から過度の税金を取ってはいけない、村が豊かであれば、戦争にも勝てるが、村が貧しくなると、戦争にも負ける、というのだ。戦争に勝てるかどうかは、村の豊かさにかかっているとでもいうような口ぶりといえよう。私風に言い換えれば、「村の成り立ち」を維持しなければ、大名家としての存続はありえない、ということになる。戦国大名の戦争が、実は領国内の村々の「成り立ち」にかかっていたことがわかる。それはすなわち、戦国大名の存立そのものが、「村の成り立ち」にかかっていたことを意味していよう。そしてこれを、戦国大名の当主自らが認識していた。

北条氏領国図（小田原合戦時）

†常態であった不作・荒地

飢饉と戦争が日常化していたなか、「村の成り立ち」にとって深刻な問題になっていたのが、災害や戦争の被害によって不作地や荒地が発生したり、耕作する百姓が、没落したり、村から出て他所へ移住してしまって（欠落《かけおち》という）、村のなかで耕作百姓が不足してしまうことであった（退転という）。不作とは、収穫がなかった耕地をいい、荒地とは、不作が続いたり、耕作百姓がいなくなるなどして、耕作されなくなったものをいう。プロローグで触れたが、北条氏康に隠居を強いた、飢饉と疫病が東国で流行した永禄二年（一五五九）、甲斐では「村郷あき申す事、限りなく候」と、村から人々が出て行ってしまって、村に残る百姓が少なくなっていた。

災害や戦争の被害によって、村がこのような状態になっている事例は、枚挙に暇がない。どれだけの不作や荒地が発生していたのか、北条氏の領国での事例をいくつか紹介しよう。永禄五年九月、相模東郡田名郷（神奈川県相模原市）では、検見《けんみ》という作柄調査が行われ、村への課税額が変更されたが、田を対象に賦課される反銭《たんせん》（段銭）という税金の変更額から類推すると、田については四割強の不作が生じていた（「江成文書」）。

同十二年、相模西郡斑目《まだらめ》郷（同南足柄市）では風損（台風などの被害によって不作となったもの）が発生し、検見をうけて課税額の変更をうけたが、新しい村高（二一〇貫文余）と、元の村高の一割にあたっていた公事免《くじめん》（夫役負担の手当、五〇貫文余）との比較からみると、耕地の六割弱が不作になっていた（「相州文書」）。

天正六年（一五七八）四月、武蔵岩付領三保谷《みほや》郷（埼玉県川島町）では検地をうけて村への課税額が決定されたが、村高二六六貫文余に対し、課税対象から除外された荒地が、田で一七町、畠で一〇町七反があった。これが耕地の場合なら、その貫高《かんだか》（面積に基づいた課税基準数値）は、田で八五貫文、畠で一七貫六五五文、合計一〇二貫六五五文になる。これは村高の四割に相当するから、この村では耕地のほぼ三分の一が荒地になっていた。しかもこの年、水損（大雨や洪水の被害になって不作となったもの）が発生し、そのため年貢額は半分に減免されている。残された耕地の半分ほどが、不作になったらしい（「道祖《さい》土《ど》文書」）。

天正十四年十一月、下総関宿領金野井《かねのい》本郷（千葉県野田市・埼玉県庄和町）では、水損が発生したため検地をうけて、村への課税額が変更された。そこでは新しく決められた村高一〇六貫文余に対し、課税対象から除外された荒地が一四八貫文余もある。この村では、村高以上に荒地が存在していた。耕地の半分以上が、荒地になっている（「遠藤文書」）。

このように少し事例をみただけでも、村々でいかに多くの不作地や荒地が発生していたかがわかろう。しかも耕地の四割以上の不作、荒地も決して珍しいことではなかった。このような状態が、それこそ日常的にみられていたのであるから、「村の成り立ち」が、いかに困難な状況が続いていたか、容易に想像できるであろう。

†村の再開発

不作地が発生すると、村は「成り立ち」を維持するために、耕作の継続を図る。その際、耕作を担当していた百姓が没落したり、他所へ移住してしまった場合には、新しく耕作を担当する百姓を用意しなければならない。その場合には、名主《なぬし》という村役人や年寄などの有力者が、一族や家来を用いて耕作を引き受けたり、あるいは他所から新しく百姓を招き据えていた。

さらに荒地についても、耕地としての回復を図っていた。荒地を耕地に復活させることを開発という。開発というと、新田開発のように原野などを全く新しく耕地化することを想像しがちであるが、十七世紀前半までは、開発といえば、そうした荒地を耕地に復旧する、再開発の場合が一般的であった。そこでも同じように、村の有力者が耕作を引き受けたり、村外から新しく百姓を呼び寄せたりした。

実はそうした新百姓は、他所で没落したり、税金や借金を支払えずに移住してきたものたちであった。不作が発生すると、ある村から百姓が逃げ出し、別の不作が発生していた村へ移住する、そのような百姓移動の循環構造があった。多くの村で、耕地の半分にも及ぶような不作や荒地が存在していたから、移住先には事欠かず、そのため村々では、耕作百姓の取り合いのような状況にあった。そうした状況は、それこそ十七世紀前半まで続いていた（稲葉継陽《いなばつぐはる》『戦国時代の荘園制と村落』・宮崎克則《みやざきかつのり》『大名権力と走り者の研究』）。

その一方で、村はそのための条件を整えるため、大名・領主に様々な要求をした。不作が生じると、まず要求したのは、その分の税金の減免である。先の事例のうち、斑目郷の場合、風損にともなう減免を、村から何度にもわたって北条氏に申し入れ、それをうけて北条氏が作柄調査をもとに村高を設定し直す検見が行われたものであった。その際、不作地は課税対象から除外され、それも「百姓詫び言のとおりにさし引き」と、村の要求通りに除外した、といわれている。

あるいは天正四年（一五七六）十二月、駿河口野《くちの》五ヶ村（静岡県沼津市）では、日損（旱魃の被害によって不作になったもの）と続く水損によって、年貢等の減免を領主北条氏光に要求し、年貢三〇貫文のところ半分の一五貫文の減額などを獲得している（「植松文書」）。あるいは天正十三年十月、伊豆田方《たがた》郡丹那《たんな》郷（静岡県函南町）では、「作毛相違」、すなわち不作によって年貢等の減免を領主大道寺政繁に求め、大道寺も「百姓れんみん（憐愍）」

のため減免に応じ、年貢高七二貫文余のところを、半分以下の三五貫文余に減額している（「川口文書」）。

こうした災害・戦争被害によって不作が生じた場合、必ず村からその分の年貢・公事の減免が要求された。これについては領主の側も、天正十五年十一月、武蔵久下《くげ》郷（加須市）の領主北条氏照が、同村の代官に対し、「風損・水損有り、御年貢の首尾相違すべきに付いては、時刻を延ばさず披露を遂げ、其の年の水損・風損引かさるべし」（「広瀬文書」）と、風損・水損によって規定通りの年貢額が納入できない場合には、すぐに自分に連絡すること、損免分の年貢を控除する、といっている。あるいは同じ頃、上野新田領の国衆由良国繁は、大根《おおね》郷（群馬県新田町）の領主長楽寺に対し、「或いは忩劇《そうげき》、或いは至極の干・風両損の年は、時の庄務に仰せ断らされ、作上の善悪に依り指し引き致すべし」（「長楽寺文書」）と、戦争や大規模な旱魃・大風などによる不作の際は、代官らに指示して、作柄次第に減免する、といっている。領主の側も、戦争や災害による不作については、その分の減免を原則にしていた。

そうした減免を獲得することによって、村は、村から出て行った百姓を呼び戻し、不作地の耕作の継続にあたった。永禄五年（一五六二）七月、武蔵由井領野蔦《のづた》郷（東京都町田市）では、領主北条氏照に、「当年年貢・諸公事一廻り御赦免」（この年の年貢・公事免除）

を要求し、それを認められたうえで、氏照からは、「前々彼の郷に候百姓何方にこれ有り候とも、悉く召し返し」「田地打ち開き耕作致すべき」と、以前村にいた百姓が何処にいたとしても呼び返し、田地を再開発して耕作するよう、命じられている（「河井文書」）。この命令は、村から移住した百姓を呼び戻すため、その条件として氏照に要求したものとみられる。氏照はそれこそ、村からの要求通りに認めたに違いない。

また荒地の再開発の場合には、耕作が軌道に乗るまでの一定期間、年貢・公事を免除する鍬下《くわした》年期が認められた。その期間はたいてい五年から十年におよび、再開発予定地は「荒野」と称された。村は、この条件をもとに、他村から百姓を呼び集めるのである。

†村請けのシステム

こうした村による年貢・公事の減免要求は、「村の成り立ち」のための、村の政治行動の一環であった。大名や領主と村との関係で、もっとも根幹にあたるのは、年貢・公事の収取関係であったが、これもすべて大名や領主と村との間で行われた。領主が直接、個々の村人に年貢などを課し、徴収するのではなかった。こうした領主と村との関係を、「村請《むらうけ》」と称している。収取関係に限らず、領主からの法令なども村に宛てて出されたり、領主への訴訟も村として行われるなど、それはあらゆる側面にわたっている。

それは、ともに法人としての性格にあったもの同士の間で取り結ばれた、「契約」であった。支配する側と、される側、社会的・身分的立場に大きな格差があったが、大名や領主と村とを主体にして結ばれた関係であった。すべて村として請けるのである。だからその関係は、戦国大名が一方的に支配するのではなく、大名と村との間で、契約として結ばれていた。単に契約というと、現代生活で用いられているような、経済取引などにおける契約を思い浮かべる人も多いかもしれないが、ここでの契約とは、それと異なり、社会契約といわれるものである。だから両者の関係は、互いに義務を持つ双務的なものになる。

その内容は、簡単に言えば、大名や領主の側は、「地下（村）に堪忍致すの様に御調法」（「政基公旅引付」）すること、すなわち村が村として存続できるように処置すること、まさに「村の成り立ち」を果たすことであった。その一つに「勧農」という、耕作環境の整備や資金の貸し付けなどが行われた。領主はこれを果たすことで年貢を取る資格を得ていた。戦国時代では「勧農」の実際はほとんど村で行い、領主はその費用を支出するにすぎなかったが（実際は秋年貢からの控除）、村が資金難の際には、資金の貸し付けなどはあったであろう。この資金は、種子・農料といい、種籾の購入代金、耕作期間の百姓の食費（夫食《ふじき》という）を名目にしていた。実際は、生活費とみられる。

前章でみた、領主が支配下の村の戦争に、「合力」するのも、そのためであった。また外部勢力の侵攻から防衛することもそのうちであったし、先にみた不作に対する減免も同様であった。飢饉と戦争が日常化していたなか、村の平和と安穏を保障する、それが大名や領主の責務であった。

対して村の側は、年貢や公事と称された税金を負担した。それは領主による平和と安穏の保障への対価であった。第二章で触れた、村が、相論に領主が協力してくれなければ、その領主への年貢の上納を停止したのも、そうしたことからだった。あるいは敵軍に侵攻された際、領主が防衛の責任を果たせなければ、村は侵攻してきた領主と、支配関係を結んだ。村は自ら「草のなびくよう」(「政基公旅引付」)な存在だといい、だから簡単に強い領主の支配に入ってしまった。この場合、元の領主は、そうした支配関係を維持できなかったため、村の側から「領主失格」と判断され、村の側から一方的に支配関係を破棄された。

また不作が生じた場合には、相当分の年貢等の減免を要求するが、それが容易に認められない場合、実力で抗議した。村ぐるみで、山野などに逃げ込み、年貢の納入や耕作を放棄した。こうした実力行使を「逃散《ちょうさん》」といい、中世を通じて百姓の対領主闘争の基本的な方法であった。これも百姓の側から、一方的に領主との関係を破棄するものであり、現代でいうストライキにあたる。そして領主から適切な対応がとられないと、百姓は没落したり、他所へ移住する。そうすると村は退転し、そのものの存立が危機に陥ることになる。

そうなれば領主の年貢・公事収取もままならなくなってしまい、ひいては自己の存立そのものも危機に陥る。実際、元亀二年（一五七一）九月、伊豆の給人西原源太は、戦争による所領（給田）の不作によって、進退が逼迫《ひっぱく》し、大名への軍役負担が難しい状態になっている（「西原文書」）。不作は、「村の成り立ち」にとどまらず、領主の存立もたちまち危機に陥れることになる。

†大名と給人と村

戦国大名・国衆の領国は、大名・国衆と、その権力構成員である家中（給人・領主）、その所領として支配をうける村の、三者の関係から成り立っていた。それは前章でみたように、大名が、戦争のための普請役、さらに戦争の際、荷物の運搬を負担する陣夫役などの、大名の戦争のための負担を、勢力下の村に、直接、課すことを通じて形成された。大名は、各村を支配する個々の領主が存在していた一方で、それらを含めた領国内のすべての村々と、直接、政治関係を形成することを前提にして、存立した権力であった。村こそ、戦国大名・国衆の権力基盤、というゆえんである。ちなみに国衆の領国や、独立性の高い一門支城領（八王子領など）というのは、それらの負担を、大名ではなく、国衆や一門支城主が独自に賦課していた領域にあたる。

そのなかで家中は、領主として、独自に所領を支配することで存立していた。年貢を収取するだけでなく、様々な公事も収取していた。それによって領主としての存立を果たし、主家の大名に、軍役奉公していた。ところが所領の村の「成り立ち」が危機に陥ると、領主としての存立も危うくなる。そうすると、家中は大名に、軍役などの負担の軽減を要求する。先の元亀二年九月の伊豆の西原源太の場合では、北条氏から家臣二人分の扶持を与えられている。また同じ頃、由井領の北条氏照の家臣小田野源太左衛門尉は、所領の武蔵岩付領内牧郷（埼玉県春日部市）が不作のため、相当分の「知行役」一〇年間の免除をうけている（「佐野家蔵文書」）。知行役とは、所領を与えられている対価として、主家に負担する軍役・普請役などをいう。

所領の村が不作であれば、年貢などの収入がないのであるから、その分の軍役などは負担できない。だから大名もその分は免除せざるをえなかった。本章の冒頭で触れた羽柴秀吉による尾張復興策でも、家中の軍役は半役、と軽減することで、その成り立ちが図られている。それとともに、そこで秀吉は、村に対しても普請役を免除している。村から大名が収取する役（国役《くにやく》・惣国並役などという）を、大名も免除することで、その成り立ちを図っているのである。

そうした大名が、領国のすべての村に負担させる国役には、先にみた普請役・陣夫役のほか、役銭と称されたものがあった。それらは大名の戦争のための、直接的な資金・労力の負担であったから、それが減免されることはあまりなかった。戦争そのものが行えなくなるからである。しかし大名も、「村の成り立ち」のために、それら国役についても減免する場合があった。

例えば北条氏では、永禄五年(一五六二)四月、給人領の武蔵江戸金曾木《かなそぎ》郷(東京都文京区)に対し、戦争か災害による「大破」のため、反銭(田を対象にした役銭)・懸銭(畠を対象にした役銭)・棟別銭《むなべつせん》(屋敷地を対象にした役銭)の、基本役銭すべてについて、三年間にわたって免除している(「鷲宮神社文書」)。あるいは同年八月、やはり給人領の武蔵江戸羽田浦(同大田区)に対し、同村の退転によって、この年と来年の二年分について、船役と船方役を減免している(「潮田文書」)。船役・船方役とは、浦に対し、物資輸送を負担させる国役の一つである。

村が不作になると、領主であった家中(給人)は、年貢・公事の減免を行い、また大名も国役の減免を行った。さらに給人に対しても、知行役を減免したりした。このようにして、大名・給人・村の三者は、相互規定的な関係にあり、その「成り立ち」を遂げていた。この構造こそ、戦国大名・国衆という領域権力の何よりの特徴であった。またこれによって、本章の冒頭で引用した、羽柴秀吉の「給人も百姓も成りたち候様」というセリフの重要さが、あらためて認識される。

†戦国大名の税体系をめぐって

村への課税は、村高という、およそ田畠耕地の面積をもとにした課税基準数値と、家数という、村を構成する家の数をもとに決められていた。その作業が、耕地については検地・検見であり、家数については棟別改というものであり、原則として大名・国衆が行った。村高・家数ともに、それまでにも村の税負担の基準になっていたが、それが戦国時代では、大名・国衆と各村との政治交渉によって決定されたところに、大きな特徴があった。そのため給人の所領は、両者間の決定を前提に、その高も決められたから、ここからも給人は、そもそも大名・国衆と村との関係に、大きく規定されていたことがわかる。

戦国大名・国衆が、領国内の村々から、どのような税金を、どのような基準で取っていたのか、という税体系について、具体的に知ることができるのは、数ある戦国大名のなかでも、北条氏の場合が、ほぼ唯一である。武田氏や上杉氏など、有名な大名であっても、関係する史料の不足から、そうした側面はほとんどわからないのである。それは織田信長にしても、羽柴秀吉にしても同じである。とりわけ信長については、近世の幕を開けた人物とか、あげくには近代の先駆けをなしたなどと、もてはやされることも多いが、実際にはどのように領国支配をしていたのかすら、ほとんどわかっていない。

むしろ明治時代以来、戦国大名の領国支配に関する研究において、常に中心に位置しているのが北条氏である。それは、領国支配に関する史料、特に村宛に出した文書（発給文書）が最も多く、内容的にも最も豊かなものが残されているからである。そして一九七〇年代からの、佐《さ》脇栄智《わきえいち》氏・池上裕子《いけがみひろこ》氏の研究などによって、北条氏の税体系については、ほぼ全貌が明らかになってきている。

その一方で、信長や秀吉の支配が、実は何もわからないに等しいこともはっきりした。これまでの研究では、信長・秀吉の支配が近世社会の原型をなした、といわれることが多い。それはまだ戦国大名研究が充分にすすめられていなかった一九五〇～六〇年代における研究によるものであった。したがってそうした見解は、室町時代までの荘園制との比較によるものにすぎなかった。信長・秀吉の領国については、その前段にあたる戦国大名の領国支配の実態も、現在でもよくわかっていない。

権力の歴史的評価をするうえで、税金収取の問題は根幹ともいえる重要問題である。それを前後の権力、同時代の他の権力との充分な比較のうえでなさなければならない。にもかかわらず、信長・秀吉については、実態がよくわからないのに、その側面を捨象したまま、近世社会の原型と評価し続けることには、よくよく慎重であるべきであろう。そして北条氏の領国支配の内容をみていくと、それこそ近世社会の原型といって差し支えのないものである。このことはむしろ、戦国大名・国衆の領域権力が、近世権力の原型であったとみるべきことを示している。決して信長・秀吉が傑出していたわけではなかった。

†村高・年貢高の決まり方

村高は課税基準高であったから、その取り決めがされるのは、大抵、大名の交代に際してであった。大名の代替わりや、全く別の大名に交代した場合に行われた。大名が代わると、村は新しい大名に、それまでの負担分の明細を記載した指出《さしだし》を提出した。これが新しい大名の支配を受け容れることを意味した。新大名は指出の内容に基づき、村との間で負担額などについて交渉をすすめ、あらためて負担額などが決定された。その際、現地視察して新たな賦課基準を設定する場合があったが、これが検地であった。検地は村との間で行われ、作業も村の案内をうけて行われたから、村との共同によるものであった。

北条氏の場合、村高は、検地による耕地面積調査をもとに決定していた。検地は、年貢・公事賦課額決定のための、もっとも基本の政策であった。検地は村ごとに行われた。村から北条氏の検地役人に、耕地面積や田畠の別、年貢納入責任を負う百姓の名前（名請《なうけ》人《にん》という）などを申告した指出が提出され、それをもとに現地に入って記載内容が確認された。耕地は田と畠に区別され、検地で確定された面積に、それぞれ一反（三六〇歩）あたり、田は五〇〇文、畠はその三分の一の一六五文（夏成り一〇〇文・秋成り六五文）の基準数値を乗じて、それぞれの貫高《かんだか》（分銭ともいう）を算出し、合計高が出される。貫高とは、銭貨の単位である貫文で社会的な富を数値表示したものである。

基準数値は、村によっては右の数値と異なる場合もあったが、村ごとでは一律になっている。実際の耕地には、様々に質の相違があったが、基準数値が一律なのは、そうした相違は捨象されていたことを意味する。しかもその数値は、北条氏の滅亡まで変化していないから、まさに課税のための基準数値でしかなかったことがわかる。しかもそれは、北条氏が一方的に決めたのではなく、それ以前からみられていたものであった。そもそも耕地の社会的富をそのように表示する社会的慣行があり、それに依拠したものであった。先の耕地面積から算出された合計高を高辻《たかつじ》といい、その村の村高となった。もっとも村高が決まれば、それで自動的に年貢高が決まったのではなかった。そこから必要経費にあたる控除分（引方という）が引かれて、残りが村の年貢高になった。これを定納高という。

村高に始まり、その算出基礎になった田畠面積やその貫高、そこからの控除分の明細、その差し引きによって決定された年貢高など、検地の結果として決定されたそれらの内容を整理したものが、北条氏から村や寺社に交付された。これを検地書出《かきだし》という。事例は少

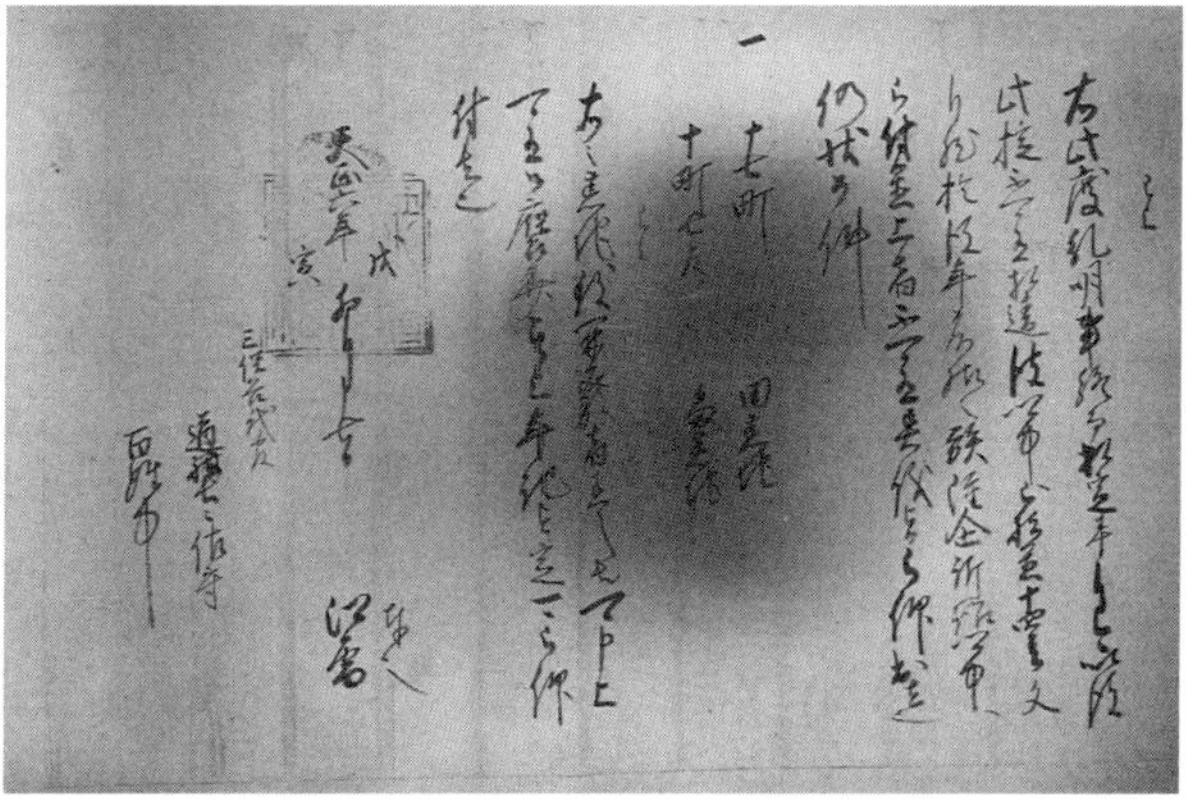

検地書出の一部分（埼玉県立文書館保管、道祖土文書７〈部分〉）

ないが、給人領にも出されているから、これらは北条氏が行った。とくに控除分は、「村の成り立ち」のための必要経費であったから、その責任を負っていたのは、個々の領主ではなく、何よりも大名であった。

†武蔵岩付領三保谷郷の場合

　具体的な事例をみてみよう。天正六年（一五七八）四月七日に、北条氏が直轄領の武蔵岩付領三保谷郷（埼玉県川島町）に宛てた検地書出がある（「道祖土《さいど》文書」）。直轄領とは、大名が領主として、年貢を収取する所領をいう。

　まず村高として二六六貫八〇文があげられている。次いで、給人・寺社などの所領分の明細が記載され、合計は六一貫五七〇文とある。それらについての年貢は、各領主に納められる。その差し引きされた二〇四貫五一〇文が、直轄領分である。そこから、公事免（夫役負担のための手当）、堤免（堤防の維持費用）、代官給（代官の役料）、定使給《じょうづかい》（領主への連絡係の役料）、それに「百姓に永代御免」として、この時の検地で増加した貫高（増分《ぞうぶん》）五四貫一〇文のうち、無年貢として村側に免除されることになった分の一四貫一〇文、が控除分として計上され、その合計は四四貫五一〇文である。直轄領分の高のほぼ二割にあたっている。そして残りの一六〇貫文が、直轄領分の年貢高とされた。

この時の検地は、代官道祖土土佐守と百姓との相論から行われたものであった。相論の詳細まではわからないが、以前の検地の際に、道祖土氏に不正があったとして百姓から告発されており、その解決のために行われたものらしい。年貢高の記載に続いて、今回、村に無年貢として免除された一四貫文について、今後どのような人物が領有をめぐって訴訟を起こしたとしても、村の領有を認めたからには、そのことを変更することはない、と念押ししている。おそらく相論は、この時の検地で村高に組み込まれた増分の領有をめぐるものであったとみられる。そしてここでは、村側の主張が認められたとみられる。

そして末尾には、村高には含まれない、荒地の面積が記載されている。その面積は、田一七町、畠一〇町七反に及んでいる。その荒地については、再開発したい者がいれば連絡してくること、褒美をするし、鍬下年期を決めて、再開発を認めることが記されている。

褒美は、再開発地の一部の無税、あるいは身分の格上げ、現金の付与などを意味している。ここで北条氏は、広大な荒地に対し、再開発を奨励し、そのため褒美の付与や鍬下年期を設定するなどの条件を示している。いうまでもないが、再開発された地は、耕地として、次の検地の際に、村高に組み込まれることになる。村の側でも、先に述べたように、この条件を掲げて、周辺の村々で退転した百姓を呼び寄せ、再開発にあたっていくのである。

三保谷郷宛検地書出の分訳

①田畠踏立辻（村高）			
266貫80文（うち検地増分54貫10文）			
給地分	1）	養竹院分	23貫832文
	2）	副嶋給田	19貫565文
	3）	矢部大炊助給田	3貫770文
	4）	宮分五ヶ所、寺分九ヶ所	14貫400文
		合計	61貫570文
		（実際の集計値は61貫567文）	
②御領所（直轄領分）240貫510文（田畠踏立辻――給地分）			
除分	1）	公事免	20貫500文
	2）	堤免	3貫　文
	3）	代官給	5貫　文
	4）	定使給	2貫　文
	5）	検地増分のうちから免除分	14貫 10文
		合計	44貫510文
③定納（直轄領分年貢高）160貫文（御領所――除分）			
④検地対象外の荒地		田17町	
		畠10町7反	

※田と畠の反あたり基準値は、ほぼ田500文、畠165文だが村により異なる。

　ところで、村高に含まれない荒地が、どうして検地書出に記載されたのだろうか。本来、荒地は、無主地として広く人々に開放されていた。肥料のための草を採取したり、牛馬を放牧したり、あるいはたとえ村外の人であったとしても、誰でも再開発することが認められていた。ただその場合、再開発地は開発者の領有になり、それにともない周辺の山野での利用権も生まれた。

しかし開発者が村外の人になると、たちまち村との間にそうした用益をめぐって問題が生じるし、さらには村同士の領有をめぐる対立が生じることにもなる。

そのため、検地書出に年貢負担しない荒地が記載されるのは、その荒地を村の領域として確保しておくためであろう。検地書出に登載し、大名から公認をうけることで、あくまでも村領域として知行を図ったとみられる。荒地とはいえ、草の採取地や将来の再開発地として、重要な資産であった。おそらく公認の代償として一定の負担（野銭など）がともなったであろうが、村としてはそれでも排他的な確保を図ったのであろう。こうしたところにも、いかに村による再生産のための用益確保が困難であったかをうかがうことができる。こうしてみると検地は、課税額決定のための政策であったが、他面において村領域の保障をもたらしたことがわかる。

†ギリギリの政治交渉

村高は田畠面積をもとにしていたが、それは決して自動的に決まるものではなかった。そもそもどれを耕地とするのか、田畠の区分はどうするのか、という検地の基本からして、簡単に決まることではなかった。例えば、不作地をそのまま課税対象にするのか、それとも荒地にして課税対象から外すのか、屋敷の周囲はたいてい畠になっているが、それを耕地とみるのか、屋敷の敷地内とみて村高の対象外にするのか、という問題があった。また耕地の利用も多様で、田が畠になったり、畠が田になることもしばしばであった。だからこの耕地を、田で登録するのか、畠で登録するのか、ということも簡単ではなかった。

検地役人が現地入りするとはいえ、数日ですべての耕地について、こうしたことを判断し、測量することなど不可能である。測量にしても、現在の耕地の多くは、圃場整備され、農業機械が動きやすいように、整理されているが、圃場整備以前の耕地は、自然地形に大きく規定されていたから、形状は複雑であった。しかも検地において、登載された耕地（「一、」という一つ書きで記載されたため、一筆《いっぴつ》という）は、どう考えても一つの耕地とは思われない面積のものが存在することは珍しくなかった。検地における田畠面積の調査、確認といっても、現代の私たちが考えるような正確さのものでは決してなかった。検地の実際を想像すればするほど、その作業は、機械的なものでなかったことがわかる。その作業は、大名と村との間における、政治そのものであった。検地は、村から案内をうけて行われるから、その結果による耕地面積や種別などは、村との協議によって決められたものであった。

そしてそこから控除分が計上されるが、それも一律なものであったわけではなく、それこそ村によって、種目もその貫高もまちまちであった。それについて「百姓詫び言のとおりにさし引き」と、村の要求通りに控除した、といわれているように(「相州文書」)、互いの交渉によって決定されたものであった。現在でいえば、確定申告や賃上げ交渉のようなものである。したがってそれは高度な政治交渉であり、その結果は、まさに両者の交渉の妥結点にあたった。

村高の確定、控除分の確定とそれによる年貢高の確定、これらはすべて大名と村との政治交渉の産物であった。検地書出は、これらの交渉が合意に達したことをうけて出された。交渉がまとまらないうちは、出されなかった。一方的に出されることもあったが、その場合も、本来あるべきかたちではない、と認識されていた。

交渉の結果、双方で合意に達すると、村はそれを承知し、その分の年貢の負担を誓約した「請負の一札」といわれる誓約書を提出した。それをうけてようやく、検地書出が村に交付されるのである。現在でいえば、納税通知書のようなものにあたろう。こうした「請負の一札」は、一部の税金についての税額変更の場合にも、いちいち出された。

ここに年貢・公事などの税金納入が、村の合意に基づいた、大名と村との契約であったことを端的にみることができる。しかもそれは、互いの契約であったから、その数値は大名と村の双方を拘束した。大名といえども、契約以上の額の徴収はできなかった。

検地はたいてい、収穫前の夏から、収穫後の冬にかけて行われた。秋の収穫や、耕作状況を課税の基準にするためである。しかしこの三保谷郷の検地書出は、夏の初めに出されている。検地そのものは、前年の秋か冬に行われたのであろうから、この場合は、少なくとも三カ月以上の間隔が空いていることになる。検地から検地書出の交付までの過程が、両者の政治交渉によっていたことからすると、この場合は、両者の政治交渉はなかなか妥結をみることができず、数カ月にわたって交渉が続けられたことによると思われる。

検地書出の末尾に、荒地面積が登載されていることから推測すると、争点の一つに、不作地の荒地認定、すなわち課税対象から外すことと、その数値にあったとみられる。また検地の要因であったとみられる、増分の領有をめぐる代官との相論、増分における年貢免除分の設定とその数値も、大きな争点になっていたであろう。こうした課税額を規定する、いくつもの問題について、ギリギリの交渉が続けられていたのであろう。そしてこの四月初めになって、ようやく妥結をみたのであろう。それだけ村による粘り強い交渉が続けられたに違いない。

交渉が妥結したのが、四月初めであるところにも、大きな意味があった。というのは、春の終わりは、領主と村との支配関係の契約更新期にあたっていたからである。それはこの時期が、秋作の作付けの季節であったことによる。前年の年貢納入の最終期限が設けられていた一方、秋作の契約が行われた。秋年貢の額が決められたり（春免・土免という、北条氏の事例では「春入の辻」ともいった)、耕作環境を整備する「勧農」が行われた。作付けの際に、耕作面積が決まるから、それはそのまま秋の年貢にも影響した。どちらにとっても、春の契約更新は重要であったから、両者はここにきて妥結したのであろう。どちらが交渉を有利にしたのかはわからないが、少なくとも三保谷郷にとっては、前年不作地の減免や荒地認定、増分のうちの無年貢分の獲得など、最低の条件の獲得には成功したとみられる。

こうした政治交渉はまた、それこそ不作が生じるたびに行われた。先に多くの事例をあげてみてきた、領主や大名による、年貢・公事についての減免は、すべてこうした政治交渉の成果に他ならなかった。

第五章

戦国大名の構造改革

†構造改革の始まり

大名と領主は、「村の成り立ち」のために、それぞれに応じた立場に基づいて対応をとっていたが、それでも村々は、耕地の半分が不作・荒地になるなど、しばしば存立の危機に陥っていた。とくに領国全域を覆った大飢饉などのときには、個々の領主による対応には限界があった。そうしたなか大名は、すべての村に対しての平和と安穏の保障、すなわち「村の成り立ち」の保障のため、収取制度をはじめ、様々な制度について改革を行った。

結果として、戦国大名の領国支配の仕組みは、当初のものから大きく変化していく。何よりも領国全域における統一性が高められ、また個々の領主の支配権への制限が強められていった。収取の在り方をはじめ、ひいては構造そのものにも大きな変化がみられたから、私はそのような制度改革を、構造改革と位置付けている。その内容については、すでに『戦国大名の危機管理』で詳しく述べているので、ここでは簡潔に述べることにしよう。

北条氏において、最初の大きな改革は、初代宗瑞から二代氏綱に代替わりした際の、永正十五年（一五一八）九月に行われた。ちょうどこの時は、前々年の永正十三年から続いた災害などによって、大飢饉になっていた。氏綱は、直轄領における公事賦課制度を改革し、竹木等、りうし（猟師。船による運送労役であろう）、美物《びもつ》（鮮魚など）等の公事、定数化されていた大普請役以外の人足役など、賦課量が定数化されていない公事・夫役の徴発について、「虎の印判」を押した文書を用いて、郡代・代官から行うことを規定した。「虎の印判」とは、虎の図案を配した朱印判のことで、この後、北条氏の当主代々によって使用され、北条家の権力を象徴するものになっていく。この朱印判は、文書の年紀の上部に捺《お》されたが、それが使用されたのもこの時からであった。それは村に宛てて、北条氏の当主が直接、文書を出す必要が生じたため、創り出されたものであった。それまでは、身分の違いから、大名は村に直接に文書を出すことができなかったが、印判を用いることで、村に宛てて文書を出す仕組みが創り出された。そしてこの時に出された文書が、北条氏当主が直接、村に宛てて出した文書としても最初のものであった。

そこでは、大名の命令は、虎朱印状ですべて通達し、徴発する公事の内容や数量もそこに明記することにし、そのうえで虎朱印状なしでの賦課や、内容と相違する賦課についてては一切応じる必要のないことを保障している。それまでは、実際に徴発にあたっていた郡代・代官の家来の下級役人らによる、不当な徴発行為がしばしばあり、それについて村側から強い不満が出されていたのであろう。

氏綱は、こうした事態を重くうけとめ、役人による不当な公事賦課の排除を図り、公事賦課についての命令は、直接、村に示すという方法をとったのである。そしてさらに、それを実効あるものとするために、不当な公事賦課を行った役人について、村から大名に、直接、提訴する権利をも認めた。それまでは、役人の主人にそのことを訴訟するしかなかったが、氏綱はそうした訴訟を受け付け、対処する姿勢をとった。いわゆる直訴の承認であり、これを目安制と称している。注目されるのは、これが初めて村に直接宛てた文書に、同時にみえていることである。村宛文書の創出と、目安制の創出は、一体のものであった。

これらはいずれも、大名と村との間に介在する、家臣やその家来らによる不正を排除し、その行動を規制するものであった。不正をはたらいた役人について、その主人の頭越しに処罰することは、その主人権を大きく制約することになった。これらによって、大名と村との直接的関係のあり方は、さらに進展をみた。しかもここで行われた改革は、飢饉下にあった村々の成り立ちを図った、飢饉対策でもあった。むしろ飢饉という非常事態であったからこそ、このような改革を行い得たといえよう。役人たちにとっては、ここで不正とされた事柄は、一種の役得として慣例化していたことでもあったとみられる。これを排除するには、彼らをも納得させるだけの、相当の理由が必要であろう。その理由たりえたのが、自らの存立をも大きく左右する、飢饉であった。飢饉にあっては、収取自体がままならなくなるからである。

これによって、大名による「村の成り立ち」維持の姿勢が明確に示され、この後、大名は、村と直接、常に向き合うようになっていく。同時に、大名と村との間に介在する役人らの行動に規制がかけられ、それが制度化されてもいく。そしてこのことは、以後における領国支配のあり方の基本になった。以後における領国支配の展開は、そうした状況の拡大、充実化にあたる。新たな体制は、深刻な危機克服の過程で生み出されたのである。

†統一的な領国支配の展開

次なる画期は、三代氏康の時の天文十九年（一五五〇）四月である。前年四月に起きた大地震災害によって大規模な不作が生じたとみられており、そのためこの年の春に、「国中諸郡退転」と、すなわち領国のほぼ全域（具体的には本国）において、村から百姓が欠落《かけおち》し、村々では深刻な退転状態になっていた。どうやら多くの百姓が、前年の不作によって、債務を返済できず、あらたな融資を獲得できない事態になっていたらしい。このまま放置すると、この年の耕作が行われず、荒地が大量に生じかねなかった。

そこで氏康は、村を出て行った百姓を元の村に呼び戻し（還住《かんじゅう》という）、耕作にかかれるようにするための対策をとった。この時の法令を「公事赦免令《しゃめんれい》」と称している。一つは、畠賦課の諸税について、畠貫高の六％という一律税率のものに一本化し、懸銭という税目にした。この後、およそ弘治元年（一五五五）にかけて、田賦課の反銭（貫高の八％に。それ以前は一〇%か)、屋敷地賦課の棟別銭(一間五〇文から三五文に)などが減額されたり、逆に正木《まさき》棟別銭(一間二〇文)が創出されるなど、役銭といわれた税金について改革が行われた。すなわち税制改革である。この改革を通じて、北条氏の税体系は、賦課対象や基準などが単純化・一律化され、極めて整然としたものが創り出された。そしてその後は、この時に整備された体系が踏襲されていく。

二つは、給人・代官の公事賦課について、「村の成り立ち」を妨げるような場合には、北条氏への直訴を認めた。先に述べたように、給人・代官はそれぞれ自己の存立のため、所領や代官地に独自に公事を賦課しており、それについては本来、大名は干渉しないのが原則であった。しかし村々の復興にあたり、北条氏はその原則を踏み越え、給人・代官の独自の公事賦課について、規制に乗り出した。

さらにその担保として、給人領の村々にも、北条氏への直訴を認めた。それまで給人領の村では、大名には直接には訴訟できず、領主層を通じてしか行えなかった。それでは領主から「村の成り立ち」を妨げる課税をうけた場合があっても、実力で抵抗するしかなかった。そのため、直接、訴訟できるようにしたのである。すなわち目安制の全面展開であり、これによって領国内のすべての村が、北条氏に訴訟することができる仕組みが作り出された。そのことが持った意味については、第六章で詳しく取り上げることにする。

給人・代官が「村の成り立ち」を妨げるような公事賦課をしたらどうなるのか。天正十四年（一五八六）十二月、武蔵江戸品川郷（東京都品川区）では、北条氏への訴訟の結果、代官による夫役徴発が禁止されているし（「武州文書」）、天正十五年三月、相模中郡三増《みませ》郷（神奈川県愛川町）でも、北条氏への訴訟の結果、代官の公事賦課を禁止し、違犯したら代官を改替することを約束されている（「相州文書」）。また天正五年八月、先にも取り上げた駿河口野五ヶ村では、村側から代官の非分が訴訟されたらしく、領主北条氏光は、代官の得分収取についても、「百姓納得無きにおいては、努々《ゆめゆめ》これを取るべからざる事」と、慣例による収取についても、村の同意した範囲での収取に制限し、違犯したら処罰すると代官に伝えている（「植松文書」）。

あるいは天正八年二月、武田氏との戦争で戦場になっていた伊豆田方郡のすべての領主に対して、「失墜の造作をば領主として塩味《えんみ》を遂げ、少々指し置きをもこれ有りて、百姓等に合力懇ろに申し付けらるべき事」と、不作分の回復のためには、領主として考慮し、少々のことなら減免し、村に協力すべきだといって、年貢についても、不作相当の減免をするよう、指示している（「小出文書」）。

さらに北条氏の場合では具体的な事例はないが、武田氏が天文二十三年（一五五四）に制定したとみられている「甲州法度之次第」五十五箇条本の第九条に、「地頭（給人）非分においては、知行の内半分召し上げるべき者なり」と、給人が、村に対して不当な支配をしたら、所領の半分を没収する、と規定されている。

このようにして大名は、給人の、領主としての独自性において、もっとも根幹にあたる年貢・公事収取に関してまで、干渉するようになっている。こうして給人は、大名による「村の成り立ち」維持の追求を通じて、領主としての独自性も著しく制約されていった。

三つは、欠落百姓のうちこの日までに元の村に帰住したものについて、借銭・借米をすべて破棄する、「徳政」を行った。彼らが村を出て行かざるをえなかったのは、債務を返済できず、新たな融資を受けられなかったことによる。そのため何よりも耕作百姓確保のため、欠落百姓の帰村を促すべく、債務の全面破棄に踏み切った。「徳政」は、金融関係に著しい混乱を生じさせるから、万全の策ではなかったが、それでもこれを行わざるをえなかったところに、逆に、この時の領国危機の深刻さをうかがうことができる。

北条氏は、領国全域を対象に、減税と「徳政」という統一的負担軽減策を取り、目安制を確立することで、深刻な領国危機の克服を図った。北条氏が領国全域に対して、統一的な危機対策を行ったのは、これが初めてのことであった。その結果として、領国支配の在り方は、極めて統一性の高い、新しいシステムへと変貌していくことになった。

†繰り返し訪れる危機

ところがその後、戦争の大規模化による負担増大のため、村々において災害への対応能力が低下したのか、弘治三年（一五五七）から旱魃によって飢餓状態になり、永禄元年（一五五八）からは、人々から穀物購買能力を喪失させる「撰銭《えりぜに》」現象も深刻化してきた。さらに同二年からは疫病の流行もみられ、領国は再び深刻な飢饉に見舞われることになった。領国では餓死者や病死者が続出し、村人が少なくなってしまった村では、残りの村人も村を捨てて出て行くような状態になっていた。氏康は再び、大規模な飢饉対策をとらざるえなくなった。それがプロローグの最初に取り上げた、代替わりによる世直しであった。氏康は十二月二十三日に隠居し、家督を嫡子《ちゃくし》氏政に譲り、そして翌三年二月、三月に、領国内の村々に対して、徳政令を発した。

徳政は、村において年貢・公事負担責任を負う百姓について、継続中の一般債務について全面破棄を認めるものであった。質流れしていた妻子・下人・牛馬の労働力をすべて取り戻させて、耕作のための労働力を確保させ、さらに新たな耕作資金の融資をうけられようにして、耕作能力を確保させようとするものであった。

また深刻化していた撰銭への対策として、この年の秋の年貢収納に限っての特例銭貨納入を半分にして、残り半分は穀物による現物納入を認めた。それまで年貢・公事は銭貨による納入が原則であったが、撰銭によって銭貨の獲得が困難になっていた。そこで銭貨調達の困難さを緩和するため、現物納入を認め、そのため現物と貫高との換算基準を定めた。これを納法《おさめほう》という。そこでは現物から銭貨への換金は、領主側で行うことになる。

こうした対策によって、領国では耕作が維持され、秋の収穫から回復が見込まれることになったが、それが一瞬にして台無しになるような事態が生じた。永禄三年九月からの上杉謙信の関東侵攻である。謙信はその年中は上野に在陣していたが、翌四年二月から北条氏の本国に侵攻し、三月末には小田原城まで攻め込んできた。謙信はすぐに退陣したものの、この時の進軍によって、領国は「国中山野の体」(「妙本寺文書」)、「山野の体、年月を経られれば、侍・人民共に退転すべし」(「箱根神社文書」)、「相州悉く亡国と成る」(「赤城神社年代記録」)といわれるような状態になった。上杉軍によって散々に掠奪された結果である。

しかもこの時、本拠小田原城まで敵軍の進軍を許し、本国のみならず本拠周辺まで、敵軍による容赦のない掠奪の被害をうけ、「山野」「亡国」という状態になっていた。北条氏にとって、本拠周辺まで敵軍の侵攻を許したのは、これが初めてのことだった。それだけに、氏康がうけた衝撃は大きかった。現在でいえば、さながら二〇〇一年のアメリカ・ニューヨークでの9・11テロのようなものだったろう。そしてこのまま「山野」の状態が続けば、「侍・人民共に退転すべし」(「箱根神社文書」)と、家臣も百姓も成り立たなくなる、という強い危機感を持った。

†百姓に礼を尽くす

そのためにはまず、謙信の再度の進軍をうける前に、反撃しなければならなかった。敵に攻めさせないために、こちらから攻めるのである。それは言葉を換えれば、領内での掠奪を回避し、逆に敵領で掠奪する、ということであった。氏康は、まだ謙信が上野に在陣していた五月、今度の秋に反撃の一戦を計画し、その勝利のための祈禱を、箱根権現社(神奈川県箱根町)に依頼した。すると、同社別当(長官)の融山からは、性急な反撃を諫《いさ》められるだけでなく、「北条家」に相応しい善政を行うよう、幾つかの具体的な意見をうけた。融山は、「北条家」というのは、「前代」の鎌倉時代では「日本の副将軍」の家柄だから、その家名を継ぐということは、それに相応しい政治をしなければならない、という。善政を行わなければ、「北条家」は危なくなる、ということは、鎌倉幕府の正史「吾妻鏡《あずまかがみ》」にはっきりと記されている、とする。

そして、善政のための意見の一つとして、「万民を御哀憐《あいれん》の事、百姓に礼あらば

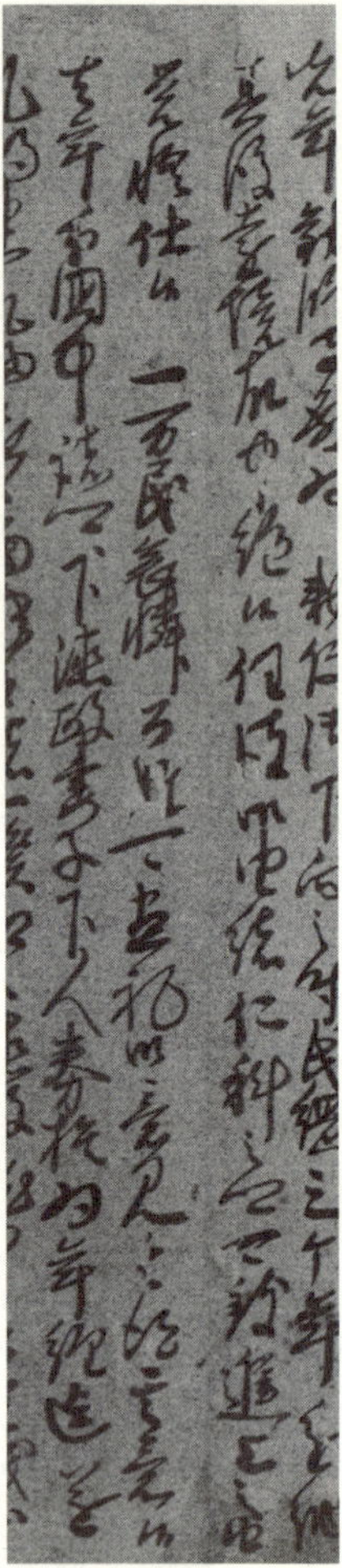

妙本寺文書（妙本寺蔵）

は自ずと治まり候」（「妙本寺文書」）と、百姓を慈しみなさい、百姓に感謝すれば、「国家」（北条家とその領国）は自ずと安泰です、という意見を寄せてきた。言葉をかえせば、氏康の政治には、百姓への感謝の気持ちがないから、そのように「国家」が乱れるのだ、という意見だった。これに対して、氏康は敢然と反論した（「妙本寺文書」）。

百姓を慈しみ、百姓に感謝しなければいけない、という御意見は、私も承知しています。だから去年（永禄三年）には、領国内の村々に徳政令を出し、質物になっていた百姓の妻子・下人をすべて返還させました。今年には、諸一揆相衆（在村しながら軍役のみを負担する村の有力者）に徳政令を出し、北条氏からの債務（「公方銭」）を破棄し、返済分も返却しました。北条家は、何よりも慈悲の心を深く持ち、正しいことを第一に考えていますから、領国内の弱い立場にある百姓からも意見を聞き、道理のある政治を行うために、一〇年前から目安箱を設置して、彼らの意見を聞いて、道理を探求しています。なのに氏康の政治がよくないので、このようなことになった、という御意見は、おそれながら間違っています。

氏康は、自分こそ、もっとも百姓を大事にする政治を行ってきているのだ、と主張し、その具体例として、一〇年前の天文十九年（一五五〇）から行っている目安制、前年の永禄三年の徳政令、今年の「諸一揆相衆」への徳政令などを挙げている。

天文十九年の目安制というのは、一五八頁に述べたものだ。前年の地震災害に起因して、領国のほぼ全領域で村の退転状況が生じ、その年四月に出された復興策の一つとして行われたものだった。村の成り立ちの妨げになるような、領主層の非分があれば、それを直接、北条氏に訴訟できる制度を作ったものだった。これが、ここでの氏康の発言では、領国内の弱い立場にある百姓から、直接に意見を聞く、と表現されている。永禄三年の徳政令も、先ほど述べたように、氏康を隠居に追い込んだ飢饉状況からの復興策として、新当主氏政の名によって行われたものである。

しかしこの徳政は、あくまで百姓のみを対象にしたものだった。その年の謙信の侵攻により、徳政令の効果は充分にはあげられず、防衛戦争のためには武士層の成り立ちも維持しなければならなかった。そのため、今年の四月か五月頃、謙信への反撃を図るにあたって、在村しながら軍役を負担する、「諸一揆相衆」（諸一騎合衆・地衆ともいう）に対して徳政を行った。彼らは、年貢・公事を負担する代わりに、戦争の時だけ軍役を務める「侍」であった。身分としては百姓ではなかったため、前年の徳政令は適用されなかったものが多かった。しかし彼らは、もともとは年貢・公事負担をしていたように、実際には、村の有力者であった。

しかし彼らの困窮は、軍勢数を低下させ、そのまま軍事力の低下をもたらすことになるから、来るべき大規模な戦争のためにも、彼らの成り立ちを維持しなければならなかった。それだけでなく、彼らは村の有力者として、「村の成り立ち」に深く関わる存在であったから、戦争のためにも、「村の成り立ち」のためにも、彼らの存続が必要であった。そのための徳政であった。徳政では、北条氏が彼らに貸し付けていた債権（公方銭という）も破棄された。前年の徳政では対象外とされていた債務であったが、ここにきてそれも破棄されることになった。元本・利子合わせて四千貫文におよんでいた。

続いて永禄五年には、職人衆に「徳政」が行われた。彼らは特定の職能を通じて大名と奉公関係を結んでいた存在であった。そのためたとえ村にいたとしても、年貢負担をしていない限り、永禄三年徳政令の適用をうけることができなかった。しかし彼らの奉公は、大抵、大名の戦争のための物資供出であったし、その職能が「村の成り立ち」にも関わっていた場合も多かったから、彼らの存立を維持する必要が生じたためであろう。

これらはいずれも、飢饉状況にあって村々が深刻な危機におちいっていたことに対し、村の成り立ちを維持するための対策として行われたものだった。こうした対策を、氏康は、百姓を慈しみ、百姓に感謝する政策と自認していたのである。それだけでなく、こうした政策を行うことは、「国家」を維持していくうえで当然のことだ、と認識していた。百姓を大事にする、すなわち「村の成り立ち」を維持するような政治をしなければ、戦国大名の家と領国は、すぐに崩壊してしまう、ということを、戦国大名の当主自らが認識していたことがわかる。

†収取体系の大転換

謙信との戦争は、この後、永禄十年（一五六七）まで連綿と続けられていくが、その間、関東ではほとんど飢饉が常態化している。その後の状況について、武蔵の年代記「年代記配合抄」は、永禄四年は「天下大疫」、同五年は「大乱・大疫により大飢饉」、同六年は「大洪水ゆえ、飢饉に入る、万民死す」、同七年は「鼠《ねずみ》多く出生して田畠を作物を悉く喫す」、同八年は「寒立して作物に実入らず」、同九年は「飢饉に入る、万民死す」、と伝えている。永禄六年まで飢饉が続き、同七年・八年は不作、同九年から再び飢饉、という状況だった。

永禄年間初めからの飢饉状況は、一向に沈静化する様子はなく、永禄九年から翌十年にかけての飢饉は、かなり深刻なものになっていた。このように永禄年間のほとんどは、飢饉が続いていたのだった。これを「永禄の飢饉」と呼ぶことができよう。そしてこのように飢饉が長期化していった、大きな要因になっていたのが、謙信の侵攻に始まる、北条・武田・上杉の関東を舞台にした抗争にあったことは間違いない。飢饉と戦争との切り離し難い関係と、その悪循環の様を、まざまざとみせつけられる。しかも謙信との戦争は、他国の強大な戦国大名との初めての戦争であったから、戦争は自ずと大規模化した。北条氏は、謙信との大規模な戦争を続ける一方で、領国の飢饉対策にあたっていかなければならなかった。

永禄年間に入ってから、撰銭の深刻化が続いていたが、やがて世間は、それへの新たな対応を生み出した。どうやら永禄七年から、ついに精銭と呼ばれる良質の銭貨しか、通用しなくなったのである。それまでは、精銭以外の、それと比べると価値が劣っていた銭貨も、通用していた。年貢などの収納銭は、精銭を原則にしていたが、撰銭が続くなかで氏康は、精銭以外のものの納入を認め、徐々にその混入率をあげる対策をとっていた。しかし世間で精銭しか通用しなくなったことで、それらの対策は全く意味をもたなくなった。

小田原市中村原から出土した古銭結（小田原市教育委員会蔵）

そこで北条氏は、年貢などの収納銭は、精銭に限定するという政策転換を行う一方、精銭調達の困難さに配慮し、かつて永禄三年に特例として認めた現物による納入を、役銭の一部について認めるようになった。それにともなって、現物と貫高との換算率を定めた納法も、その都度、定められるようになる。しかも現物納は、順にその対象を拡大させられていき、ついに永禄年間末には、年貢を含めたすべての役銭に適用されるまでになった。もちろん北条氏は、精銭による収納を廃止したわけではなく、あくまでも精銭が調達できないための代替措置であったが、現実には、精銭を容易に調達できない状態が続いたため、現物納が継続され、定着していくことになった。

こうして飢饉対策、とりわけ深刻化した撰銭への対応のなかで、収取体系は大きな転換を遂げることになった。銭貨による納入から、現物による納入である。そもそも貫高というのは、銭貨による納入に基づくものであった。これが現物納が基本になることで、やがてそれは石高へと転換をみせていくことになる。北条氏の場合は、まだ貫高による表示を継続したが、畿内では石高表示に転換をみせている。そしてそこで生まれた豊臣政権が全国を支配したことで、石高表示が体制化していくことになる。

†村役人制度の展開

それとともに、収取のための機構も整備されていった。永禄四年から、北条氏が収取する役銭などについて、徴収責任を負う下級役人として小代官の存在がみられるようになる。小代官は、本来の責任者である代官(給人が兼ねる場合もある)の被官であったが、収取に直接あたっていたのは彼らであった。その責任を彼らに負わせた。村が退転して、規定通りの徴収ができないような場合、それは彼らの対応が悪いからだ、と扱われた。それとともに、北条氏は彼らの主人の頭越しに、その任免を直接に行うようになった。収取の現場では、年貢等の計量、納法の運用などにおいてしばしば紛争が生じていたから、小代官の任免にまで干渉したのは、そうした収取をめぐる紛争の抑制という意味があったろう。その背景には、目安制の展開があったとみて間違いない。目安制は、そうした役人らの不正等を告発するためのものであったから、それが機能していくことにより、そうした不正等の告発がすすみ、その結果、徴収側の責任の明確化へと帰結していくことになった。

その一方で、納入する側の責任者として、名主の存在が明確化してくるようになる。名主は、領主との支配関係において、村側の代表者という立場にあった。現地における収納実務を執り行う役割を負っていた。そのため領主から、名主給・名主免といった、給分・免分を与えられていた。具体的には、自身が納入すべき年貢等の一部を、そうした実務の反対給付として、免除されたものである。こうした存在は、荘園制の段階から、村請の展開にともなってみられるようになっており、北条氏の領国でも、早くから存在していたが、この名主が、北条氏の支配文書のうえで頻繁に登場してくるようになるのは、永禄七年以降のことであった。それは、小代官の登場と軌を一にしたものであった。

そこでの名主の役割は、「相定まる分銭、厳密に調え候様に」(「江成文書」)などとあるように、負担すべき年貢や公事をきちんと用意するという、納入側の責任者として位置付けられていた。そして村に未進が生じれば、まずは名主が処罰の対象とされた。これは、役人側の不正排除、その責任の明確化と表裏の関係にあろう。さらに名主は、「村の成り立ち」そのものにも責任を負わされるようになる。例えば、村の退転状況に対して、年貢等の減免をうけた場合、「申し上げるに任せて、かくの如き御仕置きを仰せ出され候、畢《ひっ》竟聊《きょういささ》かの所も田畠不作致さざる様に走り廻るべし」（「杉崎文書」）と、要求通りに減免したからには、その分の年貢等の納入を果たすことを求められ、そのため村が退転しないようにと、日頃からの心がけを要求された。これも、北条氏が、年貢・公事減免をはじめとして、様々な「村の成り立ち」のための対策を行ったことと、表裏の関係にある。これだけ配慮したのだから、義務は果たせ、というようなものであろう。その責任の所在が、名主におかれたのである。

また永禄七年からは、現物納容認にともない、換算のための計量が必要になるが、それは村側、しかも百姓の代表である百姓頭の仕事と決められた。小代官とも名主とも異なり、大名・領主から一切給分を支給されない、文字通り百姓の代表が、収納で重要な役割を果たし、そのことが公認された。計量は、収取の過程でもっとも紛争を生じさせる作業であった。中世でも荘園制のもと、計量をめぐる領主役人と村との紛争は数知れない。北条氏は、それを明確に村の責任とすることで、収取をめぐる領主と村との紛争を、できるだけ抑止しようとしていたのであろう。

こうして、年貢・公事を徴収する側と、納入する側との、役割の分担とその責任が、明確化されていくようになった。そしてそこで役割を務める人々は、大名・領主支配の役人であるとともに、村側の代表者という両面を持った。むしろ村の代表者が、大名・領主の収納実務を、現地で担うようになったと言ったほうがよいであろう。こうした存在を村役人と扱ってよいであろう。さらにこうした村役人の在り方は、そのまま近世にも継承され、村役人制度として体制的に確立していく。戦国時代における状況は、その原型をなすものとなる。こうした状況も、戦国大名が「村の成り立ち」を図って、様々な対策を行っていった結果として、生み出されたものであった。

†「成り立ち」のための共同負担

北条氏の領国支配は、このような飢饉対策を通じて、収取制度の確立、収取機構の整備、さらには目安制の確立、給人領主権の規制というように、その在り方を大きく変化させた。最大の特徴は、直轄領・給人領の区別無く、領国規模において統一的な支配体系が構築されたことにある。これこそ戦国大名の領国支配の在り方として、最も整備された姿といえる。しかもそれにとどまらず、こうして確立された領国支配の在り方は、以後の近世大名まで基本的に継承されていくのであり、その原型をなした。

戦国大名は、領国のすべての村の「成り立ち」に責任を負ったが、その帰結ともいうべきものが、普請役の広域的な治水工事への転用であった。普請役は、第三章で述べたように、城郭の構築や修理など、戦国大名の戦争のためのものであった。そもそも戦国大名が負担するゆえんが、領国の村々からこの役を徴発することにあった。それは家臣が負担するものと、村が負担するものとがあったが、天正年間（一五七三〜九二）になると、そのいずれもが、本来の目的である城郭普請以外にも転用されるようになっている。

北条氏の場合では、例えば、天正七年に、下総の葛西地域と東葛地域との間を流れる大井川（現在の江戸川）の堤防工事を、葛西地域（東京都葛飾区ほか）を支配する宿老遠山政《まさ》景《かげ》とその家臣らと、対岸の東葛地域（千葉県市川市ほか）を支配する他国衆の高城胤《たね》辰《とき》に対して、所領の高に応じて普請することを命じている。これは所領役としての大普請役を、堤防工事に充てたものである。

また翌天正八年に、武蔵岩付領の井草郷（埼玉県川島町）に対し、大普請役をもって荒川（現在の元荒川）堰《せき》の修復にあたるように命じている。同十二年には、岩付領の支城領主の北条氏房（氏政の子）が、八林《やつぱやし》郷（同）に対して、同じく大普請役をもって、箕《み》田《た》郷（同鴻巣市）堤の修復にあたるよう命じている。荒川堰と箕田郷堤は同一である可能性があるが、これらはいずれも、村に対する大普請役を、治水工事に充てているものである。

こうした広域的な治水工事を、領主が行うことはそれ以前からもあった。その負担も村々に負わされていた。しかしそこで負担した村々は、その流域に存在した村々であり、すなわちあくまでも受益者負担であった。しかしここで注目しておきたいのは、工事を命じられている井草郷・八林村はともに、工事が行われた荒川流域に位置していたわけではなかったことである。同じ岩付領内ではあったが、それは自村とは直接には関係しない治水工事であった。しかし堰や堤の修復は、その流域の諸村にとってみれば、「成り立ち」を左右する死活問題であった。それらの堰・堤の修復は、流域諸村では充分に対応できなかったため、大名にそのことが要請されたのであろう。そして大名は、本来は軍事目的であった大普請役を充当して、それを行ったのである。

ここに大名は、領国内の村々の「成り立ち」を維持するために、広域的な治水事業をも担うようになり、さらにそれに、大普請役という領国の平和維持のための負担をもって充当した。平和維持が、広域的な「成り立ち」維持に等値され、それを領国内の共同負担によって実現しているのである。こうした治水工事の在り方は、現代における公共工事の原型にあたる。いわばそうした公共工事は、戦国大名による広域的な「村の成り立ち」の実現のなかで、生み出された。そしてこうした普請役の治水工事への転用は、江戸時代になると、戦争の終結にともなって、完全に体制化していき、むしろ普請の目的そのものへと転化していくのである。

戦国大名における新たな支配の仕組みは、実は「村の成り立ち」のための対策の結果によって生み出されたものであった。これを村の側からいえば、飢饉が続き、大名の戦争もますます大規模化していくなか、「村の成り立ち」を求める動きが、そうした新たなシステムを生み出していったのであった。

第六章

大名の裁判と領国の平和

†なくならない村同士の争い

村同士の、互いの「成り立ち」をめぐる紛争は、戦国大名が成立しても、決してなくなったわけではなかった。しばしば領主同士の紛争を生じさせていた村同士の紛争は、家中の形成にともなって、ただちに領主同士の戦争を引き起こすことはなくなった。領主は互いに傍輩になり、それにともなって互いの戦争は抑止された。戦争を起こせば、主家から処罰の対象になったからである。しかしそれは、あくまでも村同士の紛争が、領主同士の紛争に転化することを抑制したにすぎず、村同士の紛争は、相変わらずの状況にあった。

まずは、第二章で取り上げた、常陸江戸崎土岐氏領の安見郷岩坪村と若栗村(ともに茨城県阿見町)の相論を振り返ってみよう。そこでは山用益をめぐって、武力をともなう合戦が行われた。そこで若栗村では百姓三人が討死したため、領主の波多野山城守に合力を要請し、波多野氏は相手方の岩坪村に押し寄せ、解死人を請求していた。そして家中の有力者の土岐越前守(頼基)の仲裁、すなわち「近所の儀」によって解決が図られていた。

北条氏の領国の事例をみてみよう。伊豆船原郷と柿木郷(ともに静岡県伊豆市)の山利用をめぐる相論では、柿木郷百姓が、船原郷の持山に入り、勝手に炭焼き木を伐採したことに対し、船原郷は伐採用の「大刀」を奪って対抗している(「宮内文書」)。そこでは当然、武力をともなった合戦が行われていたに違いない。

次は駿河今川氏の領国の事例である。今川氏親《うじちか》のとき、今川氏の直轄領の駿河藪田村と、重臣岡部氏の所領の高田村（ともに静岡県藤枝市）は、耕地の領有をめぐって相論になり、湯起請《ゆぎしょう》という神裁で決着が図られた。結果は、藪田村が勝訴し、係争地は同村の領有で決着した。ところが高田村の領主の岡部氏は、それに異議を申し立て、今川氏に訴訟している。そこで氏親は、高田村に理があると裁決したが、すでに在地裁判で藪田村が勝訴していたため、氏親存命中は、係争地から双方を排除し、荒地にすることで決着を図っている（「増善寺文書」）。

次は房総里見氏の領国の事例である。里見氏の重臣に、正木石見守と上野筑前守がいた。正木の所領の村は、上野の所領の山を利用し、炭を生産していた。ところが上野は、山留し、正木領の者の山への立ち入りを拒否した。そのため正木領の者は、領主正木にその解除のための交渉をするよう求め、それをうけて正木は、上野に山留の解除をはたらきかけている（「上野文書」）。

このように村同士の紛争では、武力も行使され、あるいはしばしば領主の介入がみられていた。そこでは領主同士による交渉や、他の家中による仲裁（「近所の儀」）、そして大名裁定を仰ぐ、といった方法で解決が図られるにとどまった。それが場合によっては、家中同士の対立や、さらには大名からの離叛など内紛を引き起こすこともあったに違いない。

†万人に開かれた裁判

そうした状況を、大きく変化させることになったのが、目安制の全面展開ともいうべき事態である。北条氏の場合、それは前章で述べたように、天文十九年（一五五〇）における領国復興策のなかで創出されたものであった。それを氏康は、自ら「百姓に礼を尽くす」政策として、自賛しているほどのものであった。それまでにも直轄領において目安制は適用されていたが、それと比べても、大きく段階を異にするほどのものであった。

それはまず、制度の面にも示されている。目安とは訴状の意味であり、この後においては、小田原城をはじめとした地域支配拠点の城郭の城門などに、それを投函するための目安箱が設置された。目安は、北条氏の重臣数名から構成される評定衆《ひょうじょうしゅう》のもとにのぼり、担当者が目安の紙《し》背《はい》に署判を据えたうえで、そこから被告に対して送付され、それに対する相目《あいめ》安《やす》（陳状、すなわち反論状）を作成し、本目安に添えて提出することが求められた（「小泉文書」）。そして両者の主張点を検討して、北条氏の当主が出席する、定日の評定において判決が出された。いわゆる御前会議ともいうべきものといえる。その際には双方の出頭が求められ、出頭がなければ無条件で敗訴とされた（「相州文書」）。そして判決は、当該裁判の担当者にあたると思われる評定衆が、日付の下に署判したものに、日付の上に虎朱印を押捺した形式をとった、「裁許朱印状」と称される文書によって、当事者双方に交付された。目安箱の設置、評定衆の編成、裁許朱印状という文書様式は、いずれもこの天文十九年から整備されたものであった。

目安制がもたらした新しい意味は、領国内のすべての村に、北条氏への直接訴訟権を認めた、ということそのものにある。そもそも室町幕府までの中世権力において、裁判は、権力を直接に構成する人々、具体的には大名や御家人などの家来、公家・寺社などの利害調停のためのものでしかなかった。したがって、それらの支配下にある村などには、開かれてはいなかった。村が訴訟しようとすれば、自らの領主を通じて行わなければならなかった。さらにその際には、裁判に協力してくれた領主をはじめ、裁判の担当者などにも、礼銭《れいせん》・礼物《れいもつ》と称された進物を頻繁に贈らなければならず、その費用は莫大であった。ましてや、第二章で取り上げた菅浦村の場合では、係争地の年貢の五倍の額にのぼっていた。そうした伝《つて》のない村などには、訴訟することすらできなかったのである。

すべての村に、大名への直接訴訟権を認めるということによって、自らの領主を訴えることも容易となり、それまでのように別の家臣を頼む必要も、その限りではなくなる。それによって、家中同士の対立もその分だけ減少することになる。また特定の伝のない村にとっても、訴訟できることになった。目安制の存在は、北条氏に限らず、他の多くの大名でも確認することができる。武田氏では、天文十六年（一五四七）制定の「甲州法度之次第」二十六箇条本の第二十六条で、「晴信の行儀其の外法度以下において、旨趣《しいしゅ》相違の事有らば、貴賤を選ばず、目安を以て申すべし」と、信玄（晴信）の判断や法令で、内容が間違っている場合があれば、誰でも訴訟するよう認められている。今川氏では、「訴訟条目」第二条に、「たよりなき者訴訟のため、目安箱、毎日門の番所に出し置く」と、特定の取次のいない者の訴訟のため、目安箱が城門の番所に設置されている。

さらに北条氏では具体的な事例はないが、近江六角氏の事例では、訴訟費用の低額化が行われている。そこでは、原告・被告ともに一貫二〇〇文を納入し、勝訴側には一貫文は返却、敗訴側の一貫文は没収され寺社修理料に充てられ、残る二〇〇文が担当奉行の取り分とされていた。実際には、ほとんど担当奉行の手数料程度のものになっている。まさに、伝がなくても誰でも容易に訴訟できる制度であった。ここにはじめて、支配下の万人に開かれた裁判制度が生み出されたのである。

†公正な裁判方法の追求

そもそも目安制は、代官・奉行らの不正の排除や、給人・代官らの恣意的支配の排除のために導入されたものであった。しかしここで、すべての村に開かれたことによって、そうした領主との紛争に止まらず、村落間紛争などを含めた、領国内におけるあらゆる紛争をも対象にしていった。それまでの権力の裁判は、紛争解決においては一つの手段にすぎなかった。例えば、村同士の紛争の場合、合戦に訴える実力行使や、近隣の村々による仲裁、神意に委ねる神裁など、いくつもの解決方法があった。権力の裁判は、そうしたものと並ぶ、一つの方法でしかなかった。それは、権力の裁判の効力にも関わっていた。裁判の結果として勝訴したとしても、それを実現するのは、結局は自力によるものであったからである。権力が、その結果を執行してくれたわけではなかった。

それに対して北条氏は、紛争の現地に役人を派遣して、客観的な基準によって判決を出そうと努めている。永禄七年（一五六四）十二月、伊豆八幡野《やわたの》村と同赤沢村（ともに静岡県伊東市）の境相論について、八幡野百姓に出された裁許朱印状には、八幡野村が、境には炭を埋めて証拠にしていると主張しているので、評定衆は検使を派遣して、八幡野村の主張通り、炭を掘り出し、確認したことがみえている（「肥田家由緒書」）。また判例を蓄積して、それに基づいて判決を出すなど、判決における一貫性の維持にも努めている。天正九年（一五八一）十月、伊豆大平《おおだいら》村と同柿木村（静岡県伊豆市）の山相論について、大平村百姓宮内隼人に出された裁許朱印状には、以前における柿木村と隣接する船原村との同じような相論での判決例を引用して、ここで判決を出している。しかも以前の裁判では、柿木村側が敗訴し、ここでも同じように同村が敗訴している（「宮内文書」）。

そして裁判にあたっては、できるだけ公平性の確保が図られている。本章冒頭で触れた今川氏親の裁判では、在地裁判で直轄領側が勝訴しているにもかかわらず、対する給人領側にこそ理があると裁決していた。決して自身の所領の村に有利にするのではなかった。また先に取り上げた、常陸江戸崎土岐氏領の安見郷岩坪村と若栗村の相論の続きをみてみよう。

天正四年になって、当主土岐治英の子土岐五郎が安見郷の領主になった。それを機に、安見郷は治英の判物を獲得して、一方的に両村の境を立てた。そのため若栗村は江戸崎奉行衆に訴訟したところ、その主張が認められ、治英の判物は破棄され、さらに安見郷への制裁として岩坪村は荒地とされた。しかし治英の判物を破棄する代償として、若栗村に対しても制裁が科され、村内の耕地二カ所三町五反が荒地にされた。

安見郷は、土岐氏当主につながるこの強力な伝を生かし、治英から若栗村との境について自村の主張を認められた内容の判物の獲得に成功し、これをもとにして境を立てた。若栗村はこれに対して、江戸崎奉行衆に訴訟している。ここでは以前の事例のような実力行使は行わず、訴訟によって対抗している。これは相手側の行動の根拠が、他ならぬ治英の判物であったからであろう。実力行使にでれば、土岐氏の命令への反抗として扱われるためであろう。村は相論における対応について冷静に判断していたといえる。

注目すべきは、それに対する土岐氏の裁定内容であろう。若栗村の主張に正当性を認め、安見郷が獲得していた治英の判物を破棄している。ここで土岐氏は、裁判において、以前の判物の否定をも辞さないほど、公正性の確保に務めていたことがうかがわれる。そして不当に判物を要求したためか、安見郷に制裁を科し、岩坪村を荒地としている。これはそれらの紛争の要因をなす、同村そのものの存在を否定することで、以後における紛争の発生を抑止しようとしたのであろう。

ただし治英の判物を破棄するという、土岐氏の体面を考慮してか、若栗村にも一定の制裁が科され、村内二カ所の耕地が荒地にされた。こうした解決の在り方は他にはほとんどみられない事例であり、その意味でも大変興味深い。そしてこれは双方に制裁を科すという両成敗的なものであり、その内容はともに耕地の荒地化というものである。これは両村の境をめぐる紛争が根底にあることから考えると、その要因となっていた耕地そのものを否定することによって、紛争の要因そのものを除去しようとしたと考えられる。その意味で、ここにおける土岐氏の裁定は、何よりも紛争の発生そのものを抑止しようとするものであった。

こうした裁判方法の展開は、一言でいえば公正な裁判の追求にあたる。もちろん現代と比べれば、不充分極まりない。しかし現代における民主性や公平性というのは、その後の社会課題に基づいて展開してきたものであった。その前段階として、まずは万人に開かれた裁判、自力解決を抑止する裁判の展開があったことを忘れてはならない。大名家が本来、政治組織であることから当然なのだが、裁判は必ずしも公正に行われたわけではない。しかしそうした場合にどうなるかというと、家中分裂を引き起こし、ひいては大名家の存立を危機に陥れる。そうならないためには、大名は、裁判において道理や正路（ただしい道）の追究に努めなければならなかった。

現に、近江六角氏では、永禄六年（一五六三）に当主の一方的な裁許が、重臣後藤氏の叛乱を引き起こし、家中が分裂した。いわゆる観音寺騒動である。六角氏はかろうじてこれを鎮圧したが、その直後には、ライバル浅井氏との戦争にも惨敗した。同十年に当主と宿老は、あらためて家中間協約を制定した。これが六角氏の分国法である「六角氏式目」であるが、その条文のなかには、当主の「一方向」（一方的）の裁許を規制する内容が、繰り返し盛り込まれている。当主の裁判権は絶対であったが、その内容が恣意的であると、それは大名家そのものを崩壊させてしまうのであった。

さらに近江浅井氏の事例では、判決の執行においても、その実現まで監督するようにもなっている。天文二十二年（一五五三）の高時川流域での用水相論について、評定を通じて出された当主の判決が、現地においてなかなか実行されないと、勝訴側の要請をうけて、評定担当者は敗訴側にはたらきかけ、判決の執行を見届け、実現の上であらためて当主の判決が出されている（長谷川裕子「中近世移行期村落における用水相論の実態とその展開」）。

こうしたことによって、大名裁判の有効性が高められ、それまでのように数ある紛争解決手段の一つというのではなく、有効な解決方法として機能していくことになったであろう。また合戦による解決の場合では、合戦を行うために多額の費用がかかったが、訴訟費用の低額化は、そうした費用の比較からも、大名裁判を選択させやすくするものとなった。

実力行使の規制

このように訴訟を容易にする条件を整備する一方で、北条氏は、武力をともなう実力行使の抑制をすすめていった。天正七年（一五七九）、武蔵鳩ヶ谷《はとがや》村の領主笠原助八郎と村との間で相論が起き、村側は、「列して血判を致し、領主に対して訴訟を企て」た。一味神水《じんすい》によって連判起請文を作成して、すなわち一揆して、「逃散《ちょうさん》」した。しかし北条氏は、このように領主に非分があった場合、まず「公儀」に、すなわち北条氏に訴訟を行うべきであるとし、そうしないで領主に直接、実力行使して抵抗したことに対し、訴訟を行わな

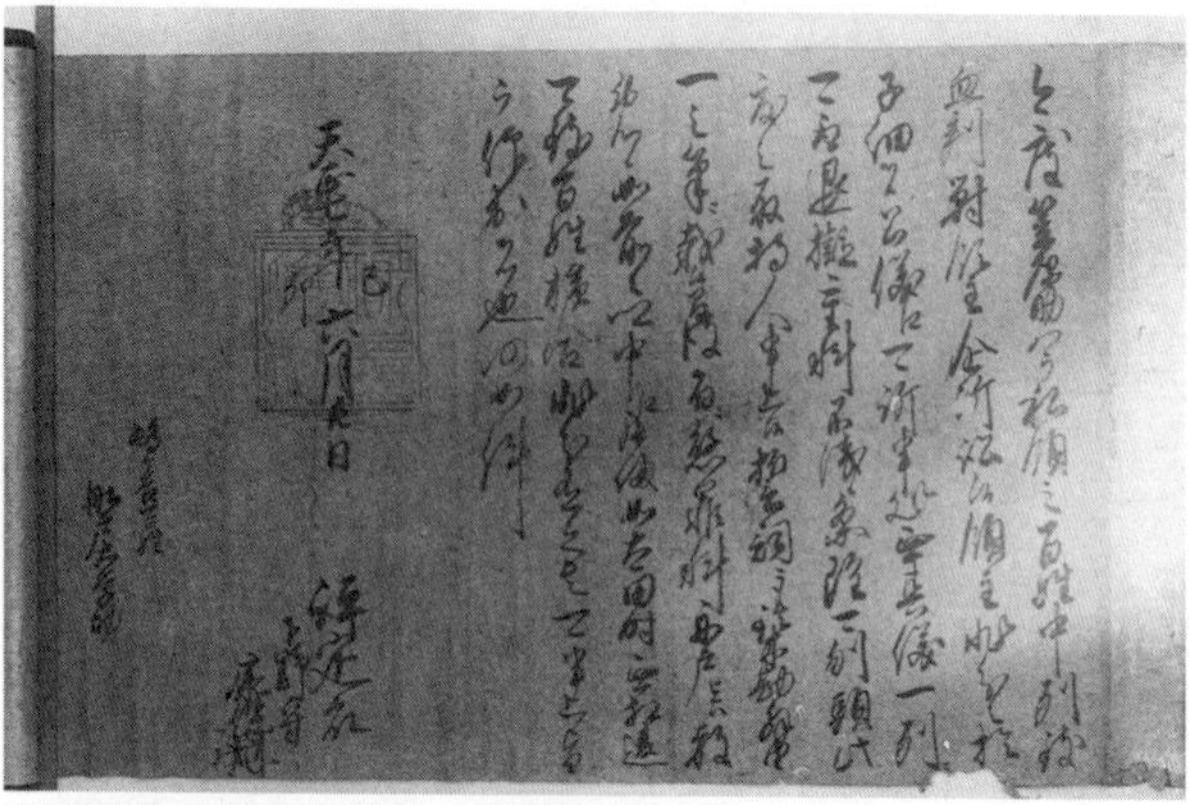
北条氏印判状（牛込文書、鳩ヶ谷市立郷土資料館保管）

かったことを理由にして、逃散した百姓の処罰（斬首）を図った（「牛込文書」）。

目安制の目的のなかに、こうした実力行使の抑制があったことがわかる。これは中世百姓にとって伝統的な対領主闘争の方法であった逃散が、目安制の展開にともない、それとの引き替えのようにして、明確に禁止の対象になっていったことを示している。ここにも中世の自力救済から、戦国時代におけるその抑制へという変化をみることができる。

ただここで注目しておきたいのは、逃散した上で、同村百姓は北条氏にも訴訟を行ったらしい。「取り持ち人申し上げ候誓詞」とあるから、百姓の連署起請文（「誓詞」）も提出されたようである。それに対して北条氏は、本来は全員を斬首すべきところだが、といいながらも、逃散した百姓すべてを処罰するのでなく、連署起請文の筆頭（「一之筆」）に署名している鈴木勘解由《かげゆ》一人のみ斬首し、他は赦免している。

考えてみれば、逃散した百姓すべてを処刑してしまえば、村は滅亡することになる。それは領主にとっても、大名にとっても好ましいことではない。大名による処罰を実現しつつも、実態としては村の存続を図る、という方便が採られたに違いない。そしてこの村の実力行使に対して筆頭者のみを処刑するという方法は、その後の江戸時代の百姓一揆に対する処罰方法にも受け継がれていくことになる。

さらに近江六角氏では、明確に村の実力行使そのものを規制の対象にしている。「六角氏式目」十三条では、

野事・山事・井《い》水《みず》事、先条（十二条、一二二頁参照）に准ずべし、但し一庄・一郷打ち起こし、鉾楯《ほこたて》に及ぶにおいては、科人の交名《きょうみょう》を指し、これを申すといえども、聞こし召し入れられべからず、一庄・一郷へ、其の咎を相懸けられべき事、

〔野・山・用水の相論について、先条に準じる。但し村ぐるみで合戦した場合、違反者のリストを提出してきても、採用しない。村そのものに刑罰を科する〕

と六角氏では、家中同士の紛争についてだけでなく、村同士の紛争においても、「相当」「兵具」「合力」の禁止を適用している。その代替として、目安制があったことはいうまで

もない。

それまでにおける村同士の激しく、多大な犠牲をともなった紛争解決は、目安制のもと、大名裁判によって解決されるものとして、位置していった。そこには、自力解決における犠牲や恐怖から逃れようとする、村々の意志が示されている、とみることができる。村々が、自力解決よりも目安制による大名裁判を選択したから、それが機能しえたのである。

†市宿における紛争

村同士の紛争よりも、あるいは宿町における紛争のほうが日常的であったかもしれない。宿町は、現在で言う繁華街にあたるから、それこそ市が立った時には、不特定の大勢の人々の出入りがあった。それだけ、紛争も生じやすかった。

元亀二年（一五七二）六月、北条氏は武蔵松山領の城下町にあたる松山本郷（埼玉県東松山市）の町人（宿の住人）に対し、六箇条の定書を与えている（「新編武蔵国風土記」）。冒頭に「詫び言致すにつき、定めの事」とあるから、条文の内容は、いずれも町側から要求されたものであった。前半の二箇条は、宿町における紛争に関するもの、後半の四箇条は領主からの負担に関する内容になっている。前半の二箇条をもとに、宿町で日頃、どのような紛争が生じていたのかをみてみよう。

一条目は、どのような借銭・借米であったとしても、市日に来た商人にその催促をしてはいけない、もしわざと返済しないような商人がいる場合には、北条氏に連絡しなさい。訴訟しないで、商人の荷物・馬を「所当」（相当の質）として質取りした者は、市の妨げになるので処罰する、とある。二条目は、酒屋に来てとんでもないことをする者については（泥酔によるか）、その場所で逮捕し、北条氏に連絡しなさい、とある。また本文の末尾には、押買・狼藉については、どこでも禁止しているので、いまさら要求する必要はない。誰の足軽・小者・中間であったとしても、迷うことなく訴訟しなさい。法度に従って、すぐに処罰する、とある。

本文末尾の文章をみると、町側は押買・狼藉の禁止も要求していたようだが、これについて北条氏は、領国内で全面禁止なのであるから、今さら載せる必要もない、と断っている。押買・狼藉というのは、掠奪ではないが、無理矢理廉価で買うことであろう。そうなれば両者の間で紛争が起きる。紛争が起きると、関係者がそれぞれに加勢するから、紛争はたちまち大規模になる。狼藉側が、領主被官であれば、紛争に領主が介入してくることになる。狼藉をするものとして、足軽・小者・中間という武家奉公人が想定されているように、こうした紛争で特に問題になっていたのが、彼ら武家奉公人によるものであった。彼らに損害を与えると、すぐにその主人が報復のために乗り込んでくることになるからであった。

同じように、宿町では質取も禁止されていた。いわゆる国質《くにじち》・郷質《ごうじち》といわれるもので、一条目はそれにあたる。ここでは債務返済におけるトラブルから、質取りをすることの禁止が認められているが、一般における国質・郷質の内容はさらに広く、村落間相論でみられた相当の質取りと同じであった。そもそも質取りとは、何らかの損害（権益や名誉を損なわれた）をうけた場合、報復もしくは問題解決（交渉の場作り）のために、相手方から損害相当の質（人や物）を奪う行為であった。郷質とは、その質取りを、郷（村）を対象に、相手が所属する村の構成員を対象にして行われるものをいう。一方の国質とは、質取りを相手の領主の支配領域を対象にして行われるものをいう。

どちらにしてもその場合、質取りされた当人は、紛争とは直接的に関係なくてもかまわない。人々は何らかの集団に帰属することで、はじめて存在していたからである。そのため、報復の対象もその集団に向けられることになる。質取りは、報復であると同時に、紛争を村同士の問題とし、その政治交渉によって解決を図るための条件作りでもあったが、それ自体が暴力をともなう強制行為であったから、しばしば刃傷が生じることになる。そうすると村落間相論でもみられたように、別の問題に展開してしまい、紛争はさらに拡大することになった。宿町で質取りが多かったのは、市には、不特定の多くの人が集まったため、質取りがしやすかったことによる。そして紛争ともなれば、たちまち領主の介入がみられた。被害者側が領主を呼び出すからであった。

宿町が問題にしたのは、質取りへの報復が、その場に対しても行われることが多かったからである。質取りされた側からすると、加害者に「合力」したと判断されたからであった。市で質取りが行われれば、その宿町が報復対象になった。こうなると紛争は、本来の問題から大きくずれていくことになる。

†楽市の展開

こうした宿町における質取りや、押買・狼藉などによる紛争は、いうまでもなく、それ以前からもあった問題であった。これらは本来、宿町が自力で解決していた。すなわち町人の武力によって、紛争を鎮圧していたのである。紛争当事者側の領主から介入があっても、自前の武力で交戦したり、あるいは宿町も、他の領主を頼んで対抗したと考えられる。村落間相論と同じく、領主を呼び込み、領主同士の紛争へと転化されたこともしばしばであったろう。

しかしそれでは、宿町自体が戦場になるということであり、それは宿町の「成り立ち」を危機に陥れてしまうことになる。あるいは狼藉者が大名の被官であったりして、それに対抗したりすると、場合によっては大名への敵対とみなされてしまうこともあった。ため、宿町の町人は、宿町における紛争に対して、自力による解決（武力行使を含ついて、大名から保障をうける必要が生じてくる。紛争そのものは、町人の自力に解決するものの、そこでの武力行使を承認してもらうのである。さらに自力によっの平和を維持できない場合は、大名に訴訟し、その保護によって、場合によってはその武力によって、事態の解決が図られることになる。

　こうした宿町の在り方が、「楽市《らくいち》」である。楽市については、教科書的な古典的理解では、大名権力が従来の領主・寺社の宿・市支配の支配権を否定し、大名直轄下に置く政策、とされてきた。しかしそれは、表面的な支配者の交替を表現したものにすぎない。先の定書は宿町からの申請をうけて出されたものである。あるいは「楽市」と明記されている掟書でも、領主のもとに残されていたり、領主の取次ルートを通じて出されているものがあり、それらは領主の申請によって出されたことがはっきりしているから、そうした古典的な理解は誤りである。

　楽市とは、大名が、宿町や市における「楽」（平和）を実現し、保障することを示すものであり、これまでにみてきたような宿町において生じた紛争に、大名が最終的な平和の実現を担うことを示すものである。そこでは「楽市」と明記されているかどうかは問題にはならない。そしてその対価が、大名への役負担であった。宿町において特に重要とされていたのが、伝馬《てんま》役という、軍事物資の輸送役であった。こうした事態は、村がその平和と安穏の保障を大名に求め、その対価として年貢・公事負担を負ったのと、全く同じことである。

こうして領国においては、あらゆる紛争において、当事者による武力をともなった自力解決は抑制されていき、北条氏がそれらについて、公正に裁判で解決を図っていく状況が展開していくことになる。目安制は、あらゆる紛争における武力衝突を回避・抑制する新しい紛争解決手段として機能していった。同時に、「平和」創出という、領国内におけるあらゆる人々にとっての共同利害を体現するものともなっていった。それはまた、戦国大名による新しい裁判権の在り方、それによる新しい公権力のあり方を示すものであった。

†「御国」観念の誕生

家中の形成によって領主同士の自力による紛争解決を抑止し、目安制によって、村同士や領主と村との自力による紛争解決を抑止することで、領国内部では平和が構築された。それがすなわち戦国大名の存立をもたらしたから、戦国大名の存立と領国内平和は一体のものであった。そしてそこでは、権力構成員である家中と、支配基盤である村（あるいは町）の成り立ちが前提になっていた。また村の側も、飢饉と戦争が恒常化していたなか、成り立ちのために、大名に保障を求めた。そして前章でみたように、大名による様々な対策のもと、それらの成り立ちが維持された側面があったこと、そこに、村々の成り立ちにおいて、大名の存在が不可欠の役割を果たしていたことは否定できない。

その意味で、大名は、領国のすべての村々からも等距離に位置した「第三項」であった。それは言葉を換えれば、村々は互いの成り立ちを遂げるために、大名という権力を形成し、維持したのである。村々は、本来、成り立ちを自力で果たすために生み出された組織であり、そのために村人の私権を規制する、公権力として存在していた。その村々の成り立ちを、大名が一定の部分において担い、そのために村々の実力行使が抑止されたということは、大名は、村々の公権力をその部分において代替していたことになる。それこそが、大名の存在を正当化し、またそれを公権力として存在させた本質的な要因であった。

そうした両者の関係は、大規模な戦国大名同士の戦争が激しくなり、大名の存亡の危機の際になって、新しい論理で表現されるようになる。それが「御国《おくに》」の論理である。「御国」とは、具体的には北条氏の領国を指す。これまで大名家とその領国については、「国家」「分国」などの言葉で表現されてきたが、それは権力構成員の家中や寺社に対して通用するものであった。それとは別に、「御国」という言葉が新しく登場をみるようになった。しかしこの言葉は、日常的に用いられたのではなかった。この言葉が用いられたのは、永禄十二年（一五六九）から元亀二年（一五七一）までの武田氏との戦争においてと、天正十五年（一五八七）からの羽柴（豊臣）政権との対決に備えた時期の、二回しかなかった。ともに北条氏の存亡の危機が深刻化していた際におけるものであった。

そしてさらに、この言葉は、領国の村々に向けて用いられていた。具体的には、北条氏当主が領域支配にあたる本城領国と、一門が独自に領域支配していた支城領における村々に限定されていた。まず範囲については、従属する国衆領には用いられていない。これは国衆自体が、自立した国家であったことと関わっている。次に対象が村であったことは、家中・寺社とは異なり、北条氏「国家」の構成員ではない、領国の一般の人々を対象にしたものであったことがわかる。

†「御国」のために

それはまず、臨時の普請役の賦課の際に用いられた。普請役は年間の負担数が明確に規定されていたが、武田氏との戦争では、とうに消化してしまっていた。しかし防衛体制を整えるためには、どうしても普請役が必要である。そこで採られたのが、臨時に普請役を徴発する、というものだった。この時には、永禄十二年八月九日に、相模中郡徳延《とくのぶ》村（神奈川県平塚市）に宛てた北条家朱印状（「武井文書」）からみられている。そしてそこで、「この度の臨時普請、迷惑たるべく候といえども、第一に御国のため、第二に私のために候間、百姓等においても、奉公申すべく候、御静謐の上は、御憐愍《れんびん》を加えらるべく候」と、今回の臨時の普請役は、迷惑ではありましょうが、第一に「御国」のため、第二に村のためなのだから、百姓であっても奉公すべきです、戦争が終わったら、御憐愍（諸役の免除など）を行います、と述べている。

末尾の部分で、諸役の免除などを約束している。臨時に負担してもらうため、その代償として、税金の一部を免除する、すなわち減額することを申し出ているのである。臨時の普請役は、そもそも規定以上の負担だったから、無償では応じてくれない、ということを、北条氏の側も充分に承知していたことがわかる。村に対して、そうした役について規定以上の負担を強いることはできないことになっていたことがわかる。興味深いのは、最初はこのように税金を減額する、といっていたのに、二年後の元亀二年になると、「雇う」というかたちで、賃銭を支払うようになっている（「富士浅間神社文書」）。

そもそも普請役のような人足を使役する場合、一般的には賃銭が支払われるなり、下行《げぎょう》といって、米・酒が支給される、というのが中世の通例だった。戦国時代になると、規定の大普請役などは、もともと村の負担のなかに組み込まれていたから、それに賃銭が支払われることはなかった。それがこのように、臨時の場合には、世間の通例と同様なかたちで、賃銭が支払われるようになっている。それはだいたい、一人一日につき二〇文だったようである。ただそうはいっても、おそらく世間の相場からすれば低額だったろうから、負担には変わりはなかった。はじめは税金の減額で対応していたのが、このように賃銭の支払いに変わったのは、最初は一回のつもりだったのが、戦争が長引いて、臨時の徴発が度重なるようになったためだろう。徴発のたびに税金を減額していくと、税額が著しく低額になってしまうから、方法を変えざるをえなかったのだろう。

先にみた、徳延村宛の北条家朱印状の文章のなかで、とりわけ注目されるのは、臨時の普請役を負担させるために持ち出されている論理である。それは言葉を換えれば、説得の論理ということができる。第一に「御国」のため、第二に村のためなのだから、百姓であっても奉公すべきです、という、このセリフである。

御国のために、というセリフは、現代でも、国家が国民を戦争に動員するときに、必ずといっていいほど持ち出される論理である。実はこの論理は、戦国時代に、戦国大名が領国内の村々に、大名の戦争に協力させようと、生み出したものだった。先に触れたように、「御国」とは北条氏の領国という意味である。領国の支配主体が、大名の北条氏だった。大名家とその領国は一体のものと認識され、あわせて「国家」と呼ばれていたが、この言葉が通用したのは、大名から所領などを与えられている家臣や寺社、直接に奉公関係を結んでいた職人・商人らに限られていた。だから彼らに自身への奉公を要求するとき、大名は「国家」の論理を持ち出せばよかった。しかしそれは、大名とそうした関係を結んでいない、村の百姓とは関係のない論理だった。

そこで持ち出されたのが「御国」である。ここでの「国」は、北条氏の領国というよりは、村々の生活領域の「くに」であろう。それに「御」を冠することで、「くに」と北条氏の領国を重ね合わせているのである。そうして「御国」のためになることは、村のためでもあるのだ、といって、村の百姓が、奉公するべき対象として、「御国」を掲げているのである。

†民兵動員

次いで永禄十二年十二月、「御国」の論理はさらなる展開をみせる。それは、村の百姓を、兵士として動員しよう、というものである。兵と百姓の職分が明確に分かれていた中世、百姓が百姓のまま、領主に兵士として動員されることはなかった。それが、臨時とはいえ、兵士として動員が図られるようになった。北条氏の言い分はこうである。来年（元亀元年）は、信玄との決戦をする。その際、軍役負担を義務付けている家臣や奉公人は、すべて前線に投入する。そうすると、領国内の諸城の守備兵がいなくなってしまう。だから出陣の間、諸城の守備兵を勤めて欲しい。これは「御国」にいるものの務めだから、家臣らと同じように働くべきだ、と（「江成文書」ほか）。

　そうして本国内の各村に対して、兵士として動員可能な、十五歳から六十歳までの成年男子の名簿を作成するよう命じている。これを「人改め」といっている。いわば徴兵台帳の作成である。十五歳から六十歳までの成年男子というのは、村の構成員にあたる。村の戦争の際には、彼らが戦士になっていた。だからこの「人改め」は、村の戦士を、一時的に大名の兵士にしよう、とするものだった。ただ全員が動員されるわけではない。動員人数は、村高に応じていたし、動員の日数も決められていた。大普請役や陣夫役などと同じ仕組みを採っていた。それは、村に対して請け負わせる、ということだった。

　元亀元年二月に、「人改め」に基づいて、兵士として動員されることが決まった村人に、あらためて動員を命令する朱印状が出されている（「高岸文書」ほか）。そこでは、「そもそもか様《よう》の乱世の時は、さりとては其の国にこれ有る者は、まかり出て走り廻ずして叶わざる意《い》趣《しゅ》に候」と、そもそもこのように戦乱が続く時世では、どうしてもその国にいる者は、出てきて働かないわけにはいかないでしょう、といっている。

　この「国」に住んでいるのだから、この「国」の存亡がかかっている戦争には、たとえ百姓であっても協力すべきだ、というのだ。こうしたことが、武田氏との戦争のなかで、言われるようになった。それだけ北条氏にとって、武田氏との戦争は、自家の滅亡をも想定せざるをえないほど、強い危機感を持ったのだろう。それはこの間に、本拠の小田原城まで攻められていることからもうかがわれる。北条氏にとっては、永禄四年に上杉謙信から侵攻をうけて以来、二度目の屈辱であったが、武田氏は隣国の強大な戦国大名であったから、それだけに危機感は強烈なものがあった。民兵動員はまさに、そのような危機感から生み出されたといえる。

村は、大名の存亡を賭けた戦争に際して、その領国に住んでいる、というそれだけで、大名の戦争に動員される事態に直面するようになった。ここにはじめて、人々は、自らが帰属する政治領域=国家というものを認識するようになった。それまでにも、日本国の国家はあった。しかしその国家は、在地の村とは、直接には関係していなかった。村は、その構成員ではなかったからだ。しかし、戦国大名の国家においては、村は、直接の基盤に位置していた。現代の私たちが認識する国家は、むしろこの戦国大名の国家から展開してきたものと考えられる。

†大名と村の懸隔

この後、こうした村の武力を、戦国大名の存亡を賭けた戦争に動員するということは、各地の戦国大名でもみられている。武田氏や徳川氏などでも確認されているし、国衆の信濃木曾氏にもみられている。そうして動員された軍勢は、一揆衆と称された。歴とした武将の軍隊ではない、村の武力、という意味である。北条氏についても、天正十五年（一五八七）からの、中央政権の羽柴秀吉との対戦にあたって、もう一度、「御国」の論理にもとづいて、民兵動員が図られている。ただこれによってもわかるように、それは、まさに大名家存亡の危機という、超非常事態の場合に限られていた。現代でいえば、「本土決戦」のような場合といえよう。

それでもなお、それまでの長い日本列島の歴史のなかで、今まで一度もそうしたことはなかったことからすると、この「御国」の論理が生まれたところに、戦国時代における国家と村（民衆）との関係の特質をみることができる。それが先ほど述べた、戦国大名による村々の成り立ちと、領国平和の保障であった。「御国」の支配者が、その全域において平和維持、生存の保障の責任を負うことによって、「御国」で生活している人々に対して、「御国」の維持のための奉公が要求されるようになった。御国＝国家、それを運営する支配者と、そのなかで平和を享受する民衆との関係が、このようなかたちで示された。しかしこのことは同時に、現在みられるような国家への奉公＝忠節が、決して国家が本来的に備えていたものではなく、あくまでも歴史的に形成されたものであったことを、明確に認識することができる。そしてそれも、国家が生存と平和の保障を果たしている限りにおいて、というきわめて限定されたなかでの論理にすぎなかった。

そして村の側でも、決して戦国大名の言いなりになったわけでもなかった。確かに徴兵台帳は作成され、それに基づいて実際の動員もあった。しかしそもそも台帳作りの際に、「一人も漏らさずに記載するように」とか、「精兵を村に残して、戦争の役に立たないものを出したら、村役人を斬首する」とか言われているから、村は、村そのものの防衛のために、精兵を村に温存しようとしていたことがわかる。言ってみれば、戦前によくみられた徴兵忌避である。このことは、国家と村（民衆）との間には、容易には埋めることのできない、大きな懸隔があったことを示している。

天正十八年（一五九〇）三月から、北条氏は羽柴（豊臣）秀吉を迎え撃った。いわゆる小田原合戦である。結果は、よく知られているように北条氏の敗北、滅亡であるが、北条氏は本拠小田原城での籠城戦を展開した。開城は七月五日だから、開戦から三カ月以上も後のことであった。しかし領国の村々が、相変わらず北条氏の領国として存在していたのかというと、そうではなかった。伊豆・駿河国境での開戦が三月三日、本格的な戦闘は、同二十九日の伊豆山中《やまなか》城攻略戦からであった。その翌日には、羽柴軍は伊豆・相模国境の箱根山に進軍している。

その四月一日、箱根山中の底倉村《そこくら》（神奈川県箱根町）の肝煎（名主）の筑後の甥で娘婿にあたる安藤隼人は、筑後と同道して進軍の大将徳川家康の陣中に参向し、安全保障のため秀吉の禁制の発給を求め、その取次を依頼し、山中城まで赴いて発給してもらっている。翌二日には、秀吉宿老浅野長吉から呼び出され、馬の飼料一〇俵の負担を命じられ、隣村大平《おおひら》村の小屋（村の城、避難所）から借用、調達して納めている（「相州文書」）。同四日には、伊豆田代郷（静岡県伊豆市）も秀吉から禁制を発給してもらっている。「還住の御制札」というから、村々は羽柴軍の進撃をうけて、付近の山などに逃げていた。村の有力者が、秀吉側近山中長俊を頼って、禁制の発給をうけ、避難所から村への帰住の保障をうけている（「天城文書」）。

禁制の発給をうけるというのは、進軍大名の味方になることを意味した。まだ北条氏の伊豆支配の拠点であった韮山城が落城していないにもかかわらず、四月には伊豆北部の村々は、相次いで秀吉から禁制の発給をうけている。村々は早くも北条氏を見限り、新たな支配者を受けいれていた。村にとっては、自村の存立こそが最大の課題であり、そのためには「何れの御方たりといえども、ただ強き方へ随い申すべき」（「政基公旅引付」）と、誰であってもいいから、ただ強い領主に従うのみといって、村の存立を保障してくれる大名・領主を選択した。村々は、特定の大名・領主と、決して運命をともにすることはなかった。これこそ、戦乱のなかでの存続を図る、村のしたたかな知恵に他ならなかった。

エピローグ

戦争の時代の終わり

†天下一統の内実

十五世紀後半以来、ながく列島を覆っていた戦国の戦争は、羽柴（豊臣）秀吉による天下一統というかたちで、終息を遂げた。直接には、天正十八年（一五九〇）の北条氏を滅亡させた小田原合戦、続く奥羽の大名・国衆を服属させた奥羽仕置によるものであった。それは、列島社会から戦場を封鎖する、ということであった。

秀吉の列島統一は、各地方の戦国大名・国衆を従属させることによっていた。関東では北条氏、奥羽では伊達氏・最上《もがみ》氏、東海・中部では徳川氏、北陸では上杉氏、中国では毛利氏、四国では長宗我部《ちょうそかべ》氏、九州では島津氏という具合に、その頃は各地方でも大きな統合がすすんでいた。いずれの大名も、本国の他、周辺の国衆の領国を従えていた。大名と国衆との関係は、双務契約に基づく、保護と奉公の関係であった。大名は国衆の存立を保障し、国衆は大名に軍事奉公する、というものである。

国衆は、それ自体が自立した国家であったから、実は隣り合う国衆同士の間では、しばしば紛争が生じていた。それぞれが別々の大名と従属関係を結ぶと、その境界が、それぞれの大名の最前線に位置し、大名同士の戦争が展開される境目を形成した。そのため国衆の離叛は、そのまま自身の勢力圏の後退、敵対大名の勢力圏の拡大を意味するから、大名は国衆の離叛を防止しなければならなくなる。

国衆の存立の保護の具体的な内容は、敵方から攻撃された場合に援軍をすることと、領国の保障であった。その際、北条氏は「味方中の間の弓矢出来し候共、糺明の上、非分の方打ち捨てべき事」（味方の国衆同士で戦争になったら、糺明して、非分の方を見捨てる）、「境相論これあらば、双方の代、小田原へ召し寄せ、糺明を遂げるべき事」（隣接国衆と境界相論が生じたら、両方の代官を小田原に招集し、糺明する）ということを、国衆に誓約している（「簗田文書」）。国衆同士の戦争もまた、境界相論であった。その根底には、互いの領国の境目に位置する、村同士の紛争があったに違いない。これを北条氏は、両方から代官を出仕させ、裁判での解決を図っていた。国衆同士の戦争、それは一方の国衆の離叛防止でもあるが、それを抑止するのも公正な裁判であった。

同じことは、中央政権の羽柴秀吉にもみられた。織田政権の後継者としての地位を確立した直後の天正十一年（一五八三）十一月、美濃稲葉氏と同池田氏の所領相論の裁定にあたり、その他の様々な両者間の相論を含めて、当事者同士による解決を規制し、互いの家老二人ずつが出会って話し合うこと、それでも解決できなければ、秀吉の本拠大坂に出頭し、秀吉の裁定を仰ぐよう命じている。そしてこのような解決方法を採るからには、今後における「村質・郷質一切停止」を命じている（「稲葉文書」）。ここに大名・国衆同士の戦争が、在地における質取りからの連鎖による、紛争の次元の拡大によっていた現実を知ることができる。そして秀吉も、これを裁判によって解決を図っていた。

秀吉が同十三年に関白に任官した後、各地方の戦国大名に自身への従属を促す論理として掲げたのが、惣無事令《そうぶじ》であるが、これもまた、大名同士の戦争を、裁判によって解決しようとするものであった。大名同士の戦争を「国郡境目相論」と位置付け、「互いの存分の儀聞こし召し届けられ」「仰せ出さるべく候」と、両方の主張を聞き、裁決する、というものであった。天下人と大名、大名と国衆という立場には違いがあるが、自力解決を抑止し、裁判で解決する、という論理は全く同じである。そしてそれはまた、家中形成における論理であり、目安制における論理であった。「相当」「兵具」「合力」という中世の戦争の特質が、順次規制されていくことで、平和領域が拡大し、遂には列島規模にまで拡がった。それこそが秀吉の天下一統の内実であった。

†天下喧嘩停止

しかしながら、戦争のもっとも基底に位置していた、村同士の紛争における実力行使は、依然として存続していた。それが領主同士の戦争、さらに大名同士の戦争へと展開していく回路は、秀吉の天下一統によって切断されたものの、村同士の紛争の様相は、相変わらずであった。もちろん前章で取り上げたように、戦国大名による目安制の展開、さらに実力行使の規制の取り組みによって、平和解決の道が用意されるようになった。しかしそれは、村同士の紛争における実力行使そのものをなくすまでには至っていなかった。

しかし、列島社会における平和の確立を遂げ、継続していくためには、村々による実力行使への対応が、どうしても必要になってこよう。それは支配権力にとってだけでなく、むしろ村々にとっての課題であった。そして秀吉の段階になると、村による実力行使の規制を本格的にすすめていく動きがあらわれてくる。村同士の紛争において、実力行使そのものが処罰の対象にされた。これを「天下喧嘩停止令」と称している。いわば大名が家中に対しての喧嘩両成敗法を、村々にも適用したものになる。この「天下喧嘩停止令」については、それを最初に位置付けた藤木久志氏の研究が、今でも水準を保っている（『豊臣平和令と戦国社会』）。最近、再び藤木氏によって大きく取り上げられている（『刀狩り』）。ここでも藤木氏が取り上げた事例によりつつ、その概要をみておくことにしよう。

小田原合戦の直前にあたる天正十七年（一五八九）八月、秀吉の養子、秀次の領国近江の中野村と青名・八日市両村との用水相論について、秀次は以前の同じ相論の判例に依拠して、中野村の勝訴とした。しかし相論の際、「井頭《いがしら》において双方出合い、井水《いみず》相論せしめ、互いに刃傷の事、はなはだ曲事」であり、「喧嘩停止の旨に任せて、右の三村より壱人宛《ずつ》三人御成敗し候」と、用水相論の現場で、双方が実力行使して刃傷となったことははなはだとんでもない、喧嘩停止令に従って、三村から一人ずつ提出させ、処刑している。このように実力行使そのものを処罰の対象とし、各村から一人ずつ大名側に解死人を提出させている（「清水淳氏所蔵文書」）。

また天正二十年（文禄元年）十月の摂津《せっつ》鳴尾《なるお》村と瓦林《かわらばやし》村との用水相論についての裁判では、前年の夏に互いに「合戦相論」を起こし、双方とも周辺村々から合力を獲得し、多数の死者が出されていた。その後、豊臣政権に訴訟されたが、秀吉は用水相論についての裁許とは別に、当事者双方、さらに合力した村々に対して制裁を加え、「喧嘩の衆八十三人、ハタ物に上げられおわんぬと、天下悉くケンクワ御停止の処、曲事の故也」と、実力行使した村々から一人ずつ提出させ、八十三人を処刑している。天下喧嘩停止にもかかわらず、とんでもないことをしたからだ、とされている（「多聞院日記」）。

†徳川の時代になっても

このようにして、実力行使そのものが処罰の対象とされるようになった。もっともこれらは、統一政権もしくは大名に訴訟された場合に限られていた。訴訟までいたらない場合には、相変わらず現場では実力行使が続いていた。そのため以後の徳川政権になっても、繰り返し規制が表明されていく。

徳川家康が将軍に任官し、江戸幕府が誕生した翌年の慶長九年（一六〇四）閏八月、家康宿老の大久保長安《ながやす》・板倉勝重《かつしげ》が近江浅井郡の村々に出した連署状には、「内々申し分候て、公儀をかろしめ、けんくわなど仕り候わば、双方御成敗有るべし」「迷惑に及び候わば、何時も目安を以て申し上げるべし」と、言い分があって、公儀（徳川家）を軽視して、喧嘩をしたならば、両方を処罰する、困ったことになったら、何時でも訴訟しなさい、といっている（「伊香文書」）。

二代将軍秀忠も、同十四年二月に板倉に宛てた書状で、「郷中にて百姓等、山問答・水問答につき、弓・鑓・鉄炮にて互いに喧嘩致し候者あらば、其の一郷成敗致す事」と、村の百姓が、山相論・用水相論で、弓・鑓・鉄炮を使用して互いに喧嘩したならば、その村を処罰する、といっている（「御当家令条」）。

さらに三代将軍家光の時代になっても、寛永十二年（一六三五）十月、京都所司代板倉重宗《しげむね》が山城山崎に宛てたものには、「井水・野・山・領境等の相論仕る事候わば、百姓刀・脇指をさし、弓・鑓を持ち、罷り出るにおいては曲事たるべし、何事によらず、百姓口論致し候時、他郷より荷担せしめば、本人より其の科を重ねべく候」と、用水・野・山・境目相論の際に、百姓が刀・脇差を指し、弓・鑓を持って、現場に出て行くのはとんでもないことだ、何についても百姓が口論した際に、他村が加勢したなら、当事者よりも重く処罰する、といっている（「離宮八幡宮文書」）。

すでに秀吉の天下一統から五十年近くが経っているにもかかわらず、村同士の紛争では、中世と変わらぬ、刀・脇差にとどまらず、弓・鑓・鉄炮という「兵具」を帯び、近隣村々から「合力」を獲得して行われていた。喧嘩停止を掲げていたにもかかわらず、社会の実態は、まだまだ自力による紛争解決が行われていたのである。そしてそこで問題にされていたのは、他ならない、「兵具」「合力」であった。家光の時代にはついに、合力の村を、当事者の村よりも重く処罰するとまで規定している。秀吉以来、政権が繰り返し繰り返し、村々に実力行使の抑止をはたらきかけ続けていたことがわかる。

そしてその代替としてあげられているのは、やはり目安制であった。目安制を通じて訴訟を促し、実力行使を抑制していく。これが平和な社会を構築し、維持していくための主要な手段になっていることがわかる。戦国大名の段階で創り出されたこの制度が、その後の社会でも確かに息づいていた。むしろそれこそが平和構築の基本に位置し、平和の社会を確立していくための、大きな原動力であった。

†戦争の時代の終わりへ

秀吉の天下一統の後も、大名による戦争自体は、実際にはしばらく続いていた。文禄元年（一五九二）から朝鮮侵略があり、敗退後の慶長五年（一六〇〇）には、空前の規模の合戦になった関ヶ原合戦が行われた。その結果、徳川氏の江戸幕府が成立するが、ここにきてようやく、大名たちは戦争で得られる果実をあてにしない、体質変換の模索をすすめていくことになる。その十五年後の慶長十九年・元和元年（一六一五）には大坂の陣があったが、これによって本当に、大名同士の戦争にも終止符が打たれた。社会は「元和偃武《げんなえんぶ》」のスローガンを掲げて、戦争を排除し、平和な社会の構築が真剣にすすめられていく。それから二十年後の寛永十四年（一六三七）・同十五年の島原の乱は、久しぶりの大規模な戦乱であったとともに、これを最後にして、ようやく戦争は、列島社会から完全に封じ込められた。そしてその後は、世界史的にも例をみない、二〇〇年余にわたる、戦争のない、平和な社会が展開していく。

それは三代将軍家光の代のことであったが、ちょうどその頃まで、村々への実力行使の規制が繰り返し表明されているのは、このように社会が抱えていた戦争状況を反映したものとみることができる。むしろ村々の実力行使が続いていたから、社会の戦争状況が続いていた、というべきであろうか。翻って考えれば、村々が戦争するのは、慢性的飢饉のなかでの、自村の存続のためであった。そのため村々の戦争は、慢性的飢饉の克服にあわせて終息を迎えていく。人々はようやく、毎年訪れる飢餓から解放され、多くの人々が安定的に生存できる社会を創り出した。それこそが、十七世紀後半の社会の歴史的段階とみることができる。

それにあわせて村々は、天下喧嘩停止を自らのものとしていく。その様相については、藤木氏の『刀狩り』に詳しく述べられている。四代将軍家綱の代から、民衆の帯刀禁止、それに連動した身分統制として展開していった。「兵具」を所持していたが、それを使用しないように、自ら封印したのである。それは太古から人々が生存のために行使し続けてきた「人殺しの権利」を、自ら放棄したことを意味した。それはすなわち「戦争の放棄」である。人々はそうすることで、平和な社会の構築と、その維持を図ったのである。そしてそれこそ、その後の二〇〇年余にわたる平和を創造し、維持した、真の原動力であった。

それは現実には、「人殺しの権利」を支配者のみに委ねることでもあった。以後の社会は、「人殺しの権利」を独占したかたちになる支配権力と、それを封印した人々との間の、せめぎ合いを抱え込みつつ、システムとしての存立をみている。民主化・人権保障・自由の獲得などの問題が、人々にとって重要な課題になっていくのは、そのためであった。しかしそれは、人々が安定的な生存を果たし、平和が確立されているからこそ、課題たりうるものであることも間違いない。

主要参考文献（副題略）

史料集

『戦国遺文　後北条氏編』全六巻（東京堂出版、一九八九〜一九九五年）
『山梨県史　資料編6』上下（山梨県、二〇〇一〜二〇〇二年）
『千葉県の歴史　資料編中世5』（千葉県、二〇〇五年）
『静岡県史　資料編8』（静岡県、一九九六年）
『牛久市史料　中世I』（牛久市、二〇〇二年）
『中世法制史料集』第三巻・第四巻（岩波書店、一九六五〜一九九八年）
藤木久志編「増補　日本中世における日損・水損・風損・虫損・飢饉・疫病に関する情報」（外園豊基編『日本中世における民衆の戦争と平和』所収、二〇〇三年）

著書・論文

アマルティア・セン『貧困と飢饉』（岩波書店、二〇〇〇年）
網野善彦『日本中世の民衆像』（岩波新書、一九八〇年）
池上裕子『戦国時代社会構造の研究』（校倉書房、一九九九年）
稲葉継陽『戦国時代の荘園制と村落』（校倉書房、一九九八年）
同「中世史における戦争と平和」（『日本史研究』四四〇号、一九九九年）
同「中・近世移行期の村落フェーデと平和」（歴史学研究会編『紛争と訴訟の文化史』所収、青木書店、二〇〇〇年）
同「中世後期における平和の負担」（『歴史学研究』七四二号、二〇〇〇年）

同「名手荘と丹生屋村の用水相論」(山陰加春夫編『きのくに荘園の世界下巻』所収、清文堂、二〇〇二年)
同「戦国から泰平の世へ」(坂田聡他『日本の中世12　村の戦争と平和』所収、中央公論新社、二〇〇二年)
犬養道子『人間の大地』(中公文庫、一九九二年)
今村仁司『排除の構造』(ちくま学芸文庫、一九九二年)
勝俣鎮夫『戦国法成立史論』(東京大学出版会、一九七九年)
同『戦国時代論』(岩波書店、一九九六年)
神田千里『日本の中世11　戦国乱世を生きる力』(中央公論新社、二〇〇二年)
同『土一揆の時代』(吉川弘文館、二〇〇四年)
久保健一郎『戦国大名と公儀』(校倉書房、二〇〇一年)
蔵持重裕『日本中世村落社会史の研究』(校倉書房、一九九六年)
同『中世　村の歴史語り』(吉川弘文館、二〇〇二年)
黒田基樹『戦国大名北条氏の領国支配』(岩田書院、一九九五年)
同『戦国大名と外様国衆』(文献出版、一九九七年)
同『戦国大名領国の支配構造』(岩田書院、一九九七年)
同『戦国期東国の大名と国衆』(岩田書院、二〇〇一年)
同『中近世移行期の大名権力と村落』(校倉書房、二〇〇三年)
同『戦国北条一族』(新人物往来社、二〇〇五年)
同『戦国大名の危機管理』(吉川弘文館、二〇〇五年)
佐脇栄智『後北条氏の基礎研究』(吉川弘文館、一九七六年)

同『後北条氏と領国経営』（吉川弘文館、一九九七年）
同「北条領国下の年貢・公事収取体系」（藤木久志・黒田基樹編『定本北条氏康』所収、高志書院、二〇〇四年）
則竹雄一『戦国大名領国の権力構造』（吉川弘文館、二〇〇五年）
田村憲美『日本中世村落形成史の研究』（校倉書房、一九九四年）
長谷川裕子「戦国期地域権力の家中形成とその背景」（『ヒストリア』一七七号、二〇〇一年）
同「中近世移行期村落における用水相論の実態とその展開」（『立教日本史論集』八号、二〇〇一年）
平山優『戦史ドキュメント　川中島の戦い』上（学研M文庫、二〇〇二年）
藤木久志『豊臣平和令と戦国社会』（東京大学出版会、一九八五年）
同『戦国の作法』（平凡社ライブラリー、一九九八年、初版一九八七年）
同『戦国史をみる目』（校倉書房、一九九五年）
同『新版　雑兵たちの戦場』（朝日選書、二〇〇五年、初版一九九五年）
同『村と領主の戦国世界』（東京大学出版会、一九九七年）
同『戦国の村を行く』（朝日選書、一九九七年）
同『飢餓と戦争の戦国を行く』（朝日選書、二〇〇一年）
同『刀狩り』（岩波新書、二〇〇五年）
同「永禄三年徳政の背景」（『戦国史研究』三一号、一九九六年）
同「戦国の村の退転」（藤木・黒田編『定本北条氏康』所収、高志書院、二〇〇四年）
同「海村の退転」（池上裕子編『中近世移行期の土豪と村落』所収、岩田書院、二〇〇五年）
峰岸純夫『中世　災害・戦乱の社会史』（吉川弘文館、二〇〇一年）
宮崎克則『大名権力と走り者の研究』（校倉書房、一九九五年）

あとがき

歴史を学ぶ、というのは実は、自らが立脚している地点を認識することである。自らは今どこに立っているのか、ということを、過去の社会との対話を通じて認識する営みである。したがって歴史は、現在の社会の展開に連動して、その位置付けや理解も展開していくことになる。そのため歴史研究には決して終わりがなく、常に捉え直しと新しい理解の構築がすすめられていく宿命にある。

戦国大名を正面から取り上げた書物として、本書は、一九八一年の小和田哲男氏の『戦国武将』(中公新書)以来になると思う。実に二十五年ぶりのものになろう。その間、戦国時代研究は、戦国大名研究から、それを相対化していく戦国社会研究へと転回された。さらには権力と民衆の関係についての理解も転換され、それを支える実証研究がすすめられてきた。

そうした状況は、それまでの人々を規制していた、家・村、さらには国民国家といった、伝統的共同体の機能の減退・解体により、それらの存在が明確に自覚化されたことによっている。それによりあらためて、それら伝統的共同体の歴史的な形成の過程や意味を明らかにする必要が生じている。そしてその解明を通じて、現在における、それらの解体にともなう社会における様々な変化などについて、客観的・科学的に認識することができることになろう。

本書はそうした研究動向の成果をもとに、戦国社会のなかに戦国大名を位置付け、社会主体である村・百姓の視線に立って、その歴史的意味を描き出そうとこころみたものである。ここ二十数年におよぶ戦国大名研究の成果の到達点として、また今後における研究の出発点に位置するものになってくれればと願っている。

もっとも本書においては、分量の関係から、一つだけあえて詳しく取り上げなかった問題がある。在地の有力者たちの領主への被官化や奉公関係の形成の問題である。これは戦前以来の「兵農分離」という学説に関わり、現在の研究状況では、同学説についてしっかりと論じる必要があり、それには相応の分量を必要とすることによる。この問題については、別に機会を得られれば、論じることにしたい。

また本書を書き終えて、あらためて課題にしたいと強く思うのは、「村の成り立ち」のための日常的な仕組み、そのための社会関係の解明である。本書もそのような課題に基づいたものであったが、より民衆の日常生活に接近していきたいと思う。具体的には、村・

百姓の借金問題を通して迫っていきたいと考えている。すでにその追究に取り組んでいるが、今後さらに本格的に追究をすすめていこうと思っている。

最後に、本書をなすにあたっては、図版について便宜をはかっていただいた小田原市立図書館の山口博氏、編集にあたっていただいた、ちくま新書編集部の山野浩一氏・松本良次氏に、大変御世話になりました。あらためて御礼を申し上げます。

二〇〇六年七月

黒田基樹

ちくま新書
618

百姓《ひやくしよう》から見《み》た戦国大名《せんごくだいみよう》

二〇〇六年九月一〇日 第一刷発行

著者 黒田基樹（くろだ・もとき）

発行者 菊池明郎

発行所 株式会社 筑摩書房
東京都台東区蔵前二-五-三 郵便番号一一一-八七五五
振替〇〇一六〇-八-四一二三

装幀者 間村俊一

印刷・製本 株式会社 精興社

筑摩書房サービスセンター
〒三三一-八五〇七 さいたま市北区櫛引町二-六〇四
電話〇四八-六五一-〇〇五三

ISBN4-480-06313-7 C0221